틈만 나면
세계 일주

틈만 나면
세계 일주

여권과 함께했던 638일.
취준생 대신 여준생! 프로직장러 대신 프로여행러!

지은이 권보선

○△

프롤로그

첫 번째 졸저를 낸 지도, 직장인이라는 명함을 가진 지도 어언 7년이 지났다. 바쁜 일상에 치여 여권을 어디에다 두었는지조차 몰랐고, 집 정리를 하다 겨우 발견한 여권은 유효기간이 훌쩍 만료되어 있었다.

손때 묻은 여권을 한 장 한 장 넘겨보았다. 삐뚤빼뚤 찍혀진 여러 나라들의 스탬프를 만지작거리다 보니 까맣게 잊고 있었던 추억들이 하나하나 소환되며, 그때의 감정과 숨결, 냄새까지 손등의 털끝을 타고 고스란히 전해졌다.

낯선 공항에 도착했을 때 양 볼에 달라붙는 그 끈적끈적한 공기의 느낌. 여권에 "쾅" 스탬프를 찍어줄 때의 짜릿함. 비행기에서 승무원이 끄는 카트가 점점 가까이 다가올 때 'Chicken'이라 답할지 'Beef'라고 답할지 진지하면서도 설레는 고민. 하나도 빠짐없이 모두 또렷이 기억하고 있었다.

문득, 이 감정들이 사라져버리기 전에 추억의 조각을 모아보기로 결심했다. 수만 장이 넘는 사진들을 분류하고, 메모해둔 일기를 다듬고, 단어를 고르고 골랐다. 막상 시작해보니 직장을 다니며 글을 써 내려간다는 것이 여간 쉽지 않음을 느꼈다. 6개월을 예상하며 호기롭게 시작한 일이 뭉그적뭉그적 3년이라는 시간이 흘러버렸다.

내 청춘의 한 페이지에서 가장 자유로웠고, 가장 행복지수가 높았고, 가장 자신감 넘쳤던 순간들을 하나하나 되새겨 볼 수 있었던 지난 3년이 너무도 가치 있는 시간이었다고 새삼 느낀다. 지난 9년간 38개국 638일, 대학생 시절부터 직장인, 코로나 시기까지 틈만 나면 떠난 638일간의 여행담을 이 책에 꾹꾹 눌러 담았다. 그래서 책 제목은 <틈만 나면 세계일주>라 정했다.

이 책을 읽고 누군가의 가슴에 '여행', 이 두 글자가 주는 설렘이 담길 수 있다면 더 바랄 게 없겠다.

권 보 선

프롤로그

~~~~~~~~~~~~~~~~~~~~~~~~~~

에필로그

남아프리카공화국, 케이프타운

편도행 티켓

"충성, 병장 권보선, 11월 20일부로 전역을 명! 받았습니다! 이에 신! 고! 합니다!"

하루하루 달력에 X자 치기를 677번, 고대하던 전역의 날이 밝았다. 전역 선물로 통장에는 쥐꼬리의 때만큼도 못한 월급이 모여진 126만 원이 찍혀있었다. 티끌은 모아봤자 티끌임을 깨달았다.

피 끓는 2년여 간의 청춘을 나라에 바치는 동안, 차곡차곡 꿈꿔 온 대학 생활에 대한 로망은 가득 차다 못해 넘쳐흘렀다. 꽃 피는 봄이 오면 냄새나는 '복학생' 아닌 상큼한 새내기들과 견주어도 떨어지지 않을 향기 나는 '오빠'로, 벚꽃 휘날리는 캠퍼스를 거닐며 모든 여심을 사로잡는 성숙하고 늠름한 '선배'로 돌아가리라. 엎드려 쏴 자세로 표적에 총구를 겨냥하듯 '모든 과목 A+'에 적중해 '올 A+ 신화'를 쓰리라. 마음만은 여심도, 장학금도 이미 내 차지였다. 그렇게 제주도 가는 배에 캠퍼스 라이프의 설레는 판타지를 가득 싣고 복학했다.

그런데 웬걸. 족쇄를 풀고 싶어 하던 노예가 족쇄가 풀리자 이것저것 시도해보다가 현실의 벽을 깨닫고 스스로 다시 족쇄를 채워버렸다더니, 내 캠퍼스 라이프도 그와 다르지 않았다. 내 마음속 기대감만 잔뜩 부풀어있었지, 나를 제외한 모든 건 입대하기 전과 변함없었다. 매일 매일 반복되는 레포트 지옥과 시험, 그리고 얄팍한 캠퍼스 안의 인간관계까지. 팀플, 흔히 말하는 조별 과제를 하다 눈부시고 찬란한 청춘에 갑작스레 암이 찾아올 것 같았다. 이건 아니다 싶었다.

"엄마, 있잖아… 나 휴학하려고…"

기말고사가 끝나기도 전에 집에 휴학 통보를 했다. 그리고 고향 광주로 올라왔다. 아무런 계획 없이 덜컥 휴학 결정을 내려버린 터라, 앞으로 내가 뭘 하면 좋을지 그제야 고민하기 시작했다. 국방의 의무로 2년이란 세월을 흘려보냈기 때문에 앞으로의 시간을 헛되이 보내면 안 될 것만 같았다.

아, 그렇지. 영어를 배워볼까? 군대에 있을 적, 매일 2시간씩 잠을 포기하며 연등(취침 시간인 22시 이후에 취침하지 않고, 당직사관 허가 하에 학습 등의 활동을 하는 시간)을 했었다. 그때 한자를 공부하여 한자능력검정시험 1급까지 취득했던 기억으로 '하면 된다.'라는 자신감이 충만해 있었다. 때마침 '워킹홀리데이 비자'라는, 해외에서 일을 하면서 여행도 할 수 있는 비자가 있다는 정보를 입수했다. 인터넷을 뒤져보니, 여권이란 게 있어야 비자를 발급받을 수 있고 해외에도 나갈 수 있다고 하더라. 여권 발급을 위해 여권용 증명사진도 찍고, 비자 발급을 위한 신체검사도 신청했다. 모든 일이 일사천리로 진행되었다. 그리하여 마침내 군대 때 모아둔 126만 원으로 한국인이 제일 많이 간다는 호주 시드니로 가는 편도 티켓을 끊는 데 성공했다. 나는 오세아니아 드림을 꿈꿨다.

도착지가 제주가 아닌 곳으로의 첫 비행기 티켓이었다.

프렌치 폴리네시아, 보라보라

대한민국, 통일전망대
언제 어디서부터 시작되었을까?

유난히도 푹푹 찌던 8월이었다. TV에선 연일 지속되는 폭염
주의보에 야외활동을 자제하라는 내용이 흘러나오고 있었다.
시간은 어찌나 빠르던지 호주로 출국할 날이 어느새 한 달 앞
으로 다가와 있었다. 마냥 남은 시간을 허투루 보내지 않으리
라 마음먹었지만, 곧 정든 이 나라를 떠난다는 생각에 매일
밤 청춘을 부딪치며 술독에 빠져 살았다. 어제와 다름없이 지
난밤의 숙취로 한참을 마루에 누워 자기반성의 시간을 보내
고 있던 찰나, 마당에 놓인 7만 원짜리 하이브리드 자전거가
눈에 띄었다. 이 녀석이 간밤에 똘끼(?) 한 사발을 들이마셨
나. 순간, 충동적인 판단을 하고야 말았다. 자전거를 끌고 집
을 나섰다. 국토 종주를 해보기로 마음먹은 것이다. 무작정.

첫날부터 폭우가 시원하게 쏟아졌다. 덕분에 더위는 먹
지 않았으리라. 더위에 지쳐 세상이 핑 돌 것만 같이 느껴질

땐 은행 365코너로 피신해 내 자산은 얼마나 되는지 하루에
몇 번씩 확인했고, 편의점 안으로 도망쳐 들어가 맥주 한 캔
을 벌컥 들이켰다. 찜질방은 역시 최고의 숙소라는 걸 매일
밤 느꼈다. 남해안을 따라 부산을 찍고, 강원도를 향해 동해
안을 거슬러 올라갔다. 영덕, 울진, 삼척, 동해로 이어진 7번
국도는 가히 마의 구간이었다. 오르막에 맞바람이 더해져 페
달을 아무리 굴려도 앞으로 나아가질 않았다. 자전거 종주
를 너무 우습게만 생각했었나 보다. 반성의 의미로 그날은
202km를 달렸다. 예상했던 일주일보다 하루 앞당겨 최종목
적지인 통일전망대에 도착했다. 6일간 푹푹 찌는 날씨에 자
전거를 타던 내가 몹시 가여워 보였는지 많은 이들이 도움을
주셨고, 격려의 메시지를 보내주었다.

"힘내세요!"

"젊음이 좋긴 좋구나."

"내 아들 생각이 나네."

그중에서도 가장 잊을 수 없는 한 마디가 있었다.

"내가 자네를 도와주는 것은 나도 소싯적에 많은 도움을
받고 자라왔기 때문이네. 지금 자네가 많은 도움을 받으며 여
기까지 왔겠지만, 이를 바로 나에게 갚으려 하기보다는 나중

에 여유가 될 때 다른 이들에게 베풀어줬으면 하네."

　뒤통수를 한 대 쾅 맞은 느낌이었다. 심신이 지칠 대로 지친 나에게 통일전망대까지 오는 걸 도와주신 아저씨가 해주신 이 한마디는 내 마음에 찌릿찌릿한 자극을 주고 말았다. 그 자리에서 바로 두 가지를 결심했다. 하나는 '대학생들의 로망이기도 한 유럽 배낭여행을 이놈의 자전거로 한번 가보자.' 다른 하나는 '나도 이분처럼 누군가에게 영감을 줄 수 있는 사람이 되어보자.'라는 것.

　목포에서 강원도 고성 통일전망대까지, 6일간 880km. 어린 혈기에 시작한 그야말로 개고생 그 자체였던 자전거 국토 종주. 여행의 마력에 눈을 뜬 건 그때부터였다. 숫기라고는 1도 없었던 내가 삼겹살이 먹고 싶은 나머지 허기진 배를 부여잡고 홀로 식당에 들어가 고기를 뜯고 있었고, 살기 위해 뻔뻔함을 무릅쓰고 물 한 잔을 구걸하고 있었으며, 엄지손가락을 치켜세우며 히치하이킹을 시도하고 있었다. 매 순간 새로운 경험이 쌓여 '여행'이란 단어의 진짜 의미를 몸소 알아가고 있었던 것이다.

　그해 여름, 그때부터 나의 진짜 '여행'이 시작되었다.

라오스, 방비엥

프렌치 폴리네시아, 보라보라

호주, 시드니
좌충우돌 호주 적응기

거리를 돌아다니면 웃통을 벗고 다니는 사람, 맨발로 거리를 활보하고 다니는 사람, 아무렇지 않게 오줌을 갈기는 사람들을 심심치 않게 목격하니 '정말 외국에 오긴 왔구나.'라는 걸 실감했다. 난생처음 겪어보는 해외에서의 생활은 매번 새로운 경험의 연속이었다.

한번은 생활용품을 사러 대형마트에 방문했다. 샴푸는 영어 그대로 'Shampoo'라고 표기되어 있어 쉽게 찾을 수 있었는데, 린스는 매장을 두어 바퀴 돌아봐도 도무지 보이질 않았다. 집에 돌아와 검색해본 결과, 외국에서는 '린스'를 '컨디셔너'라고 표현한다는 것을 처음 알게 되었다. 하나하나 배워가는 재미가 쏠쏠했다.

호주에 와서 처음 잡은 일자리는 시드니 근교의 로컬 시장을 돌아다니며 멕시코 음식인 퀘사디아를 만들어 파는 일이었다. 사장 1명과 동행하며 푸드 트럭에서 장사를 하는 것이었는데, 사장은 주문과 계산을, 나는 요리를 담당했다. 인생 처음으로 요리를 했던 순간이었다. 달궈진 그릴에 손을 대가며 또띠아를 뒤집어야 해서 무진장 뜨거웠지만, 요리가 체질에 맞는지 꽤 재미있었다. 내가 만든 요리를 맛보더니 맛있다며 엄지를 치켜세워주는가 하면 일주일을 꼬박 기다려 재방문하는 현지인들을 보니 왠지 모르게 뿌듯했다.

하루에 3~4시간 반짝 장사하는 동안엔 손님들이 물밀듯이 몰려와 눈코 뜰 새 없이 바빴다. 트럭 앞에는 퀘사디아를 사 먹으려는 사람들로 장사진을 이루었다. 그만큼 돈통에는 삽시간에 지폐들이 수북이 쌓여갔다. 한 시간에 벌어들이는 돈은 어림잡아도 500달러가 넘어 보였다.

'1시간에 500달러는 족히 버는 것 같은데, 나는 1/30도 못 가져간다고?'

여기저기 데인 상처들을 어루만지다 돈만 받는 사장을 보니, 상대적 박탈감이 이루 말할 수 없었다. 에라이! 다음날은 출근하지 않았다. 핸드폰을 꺼둔 채 시드니에서 유명하다는 본다이 비치로 바람이나 쐬러 갔다.

그날 이후, 다시 일자리를 구해야 했지만, 정장과 구두를 한껏 갖춰 입고 레쥬메(이력서)를 돌리는 색다른 전략으로 일자리는 곧잘 구해졌다.

두 번째로 잡은 일자리는 화이트칼라로 붐비는 상업지역에서의 카페 일이었다. 새벽 6시부터 오후 4시까지 일하는 풀타임 근무에 꽤 쏠쏠한 주급의 조건이었다. 빠릿빠릿한 행동 덕분에 주방과 홀을 넘나드는 올라운드 플레이어였다고 칭하고 싶지만, 실제론 영어가 잘 들리지 않아 주방에서 음식 재료를 준비하는 잡일을 도맡아 하고, 바쁠 땐 홀에 나와 서빙과 청소를 하는 그냥 잡일꾼이었다. 중간중간 길을 헤매 욕도 많이 먹었지만, 배달도 나의 몫이었다.

호주의 주방은 신기한 것투성이였다. 이 초록색 열매는 무엇인고 하니 당시 한국에서는 접해보지 못했던 아보카도란 과일이었다. 먹을수록 느끼하면서도 고소한 맛이 나는 녀석이었는데, 호주 사람들은 이 아보카도를 밥 위에 얹어 먹고 빵 위에 발라 먹고, 아보카도라면 정말 환장을 했다. 이뿐만 아니라 요거트와 토마토 종류, 계란의 조리법은 어찌 그리 다양한지, '계란 하면 후라이!' 공식이 성립되는 우리나라가 세상 편한 곳임을 새삼 깨달았다. 쉴 새 없이 영어로 날아오는 주문도 듣기 벅찬 가운데 낯선 재료들 찾으랴 레시피 외우랴 요리하랴 양손엔 상처가 아물 날이 없었다. 게다가 이 나라 사람들은 샌드위치 하나를 주문하면서도 어찌나 그리 까탈 스럽던지 빵 종류부터 시작해서 굽기와 소스의 양, 심지어 메뉴에도 없던 재료들을 넣어 달라, 있던 재료도 빼 달라, 손님마다 요구사항은 제각각이었다. 일을 마치고 돌아가는 지하철 안에선 그야말로 녹초가 되었다. 의자에 앉았다 하면 꾸벅꾸벅 졸다가 종점과 종점을 왔다 갔다 하는 게 부지기수였다.

야간에는 영어를 배우기 위해 어학원에 다녔다. 한국인을 포함한 아시아 계열 친구들이 절반, 남미 친구들이 절반인 곳이었다.

어느 날은 수업 시간에 1:1 역할극을 하게 되었는데, 분위기를 잡고 데이트 신청을 하는 내용이었다. 현실에서도 제대로 해본 적 없는 '데이트 신청'을 영어로 하라고? 상대역을 맡은 일본인 아주머니도, 어찌할 바를 몰라 말문이 막혀버린 나도 피식피식 웃음만 나왔다.

"유어 캬라쿠또 이스 베리 굿. 유 원투 고우 투 메끄도나르도?"

집으로 돌아가는 길, 일본 아주머니가 내게 던진 말이 무슨 말이었을까 곰곰이 생각해보니, '캬라쿠또=캐릭터(성격)', '매끄도나르도=맥도날드'였다는 걸 뒤늦게 이해했다. 고된 일을 마친 뒤 꾸벅꾸벅 졸아가며 영어 공부를 한다는 건 참으로 힘들다 느꼈지만, 이 아주머니를 보고 희망과 용기를 얻었다.

호주, 시드니
인생은 한 번뿐

단두대가 눈앞에 있었다. 어두컴컴한 사형장 안에는 두 명이 참수형을 기다리고 있었다. 나, 그리고 옆자리엔 북한의 독재자 김정일. 잠시도 지체 없이 그가 먼저 처형되었고, 내 차례가 왔다.

"끼익-"

순간 눈이 떠졌다. 무의식적으로 떠진 두 눈에 먼저 띄었던 건 하얀 가운을 입고 있는 중후한 분위기의 백인 의사였다. 그는 누워있는 내 옆에 서서 가만히 나를 내려다보고 있었다. 눈을 이리저리 돌려보니 흰 백의 방 안에 삐- 삐- 소리가 나는 여러 전자기기과 서양인 간호사 몇 명이 분주히 움직이고 있었다. 병원임이 확실해 보였다.

"Subdural hemorrhage, 뇌출혈이라고 합니다. 정확히는 경막하출혈이라고 하네요."

"네……?"

수화기 너머로 의료 통역인은 내게 '뇌출혈'이라는 병명을 통역해주었다. 들도 보도 못했던 단어 '뇌출혈'. 어안이 벙벙했다. 그 단어가 주는 임팩트가 너무나도 크다 보니 머리에서부터 받아들여지지 않아 어떠한 반응도 할 수 없었다. 드라마에서나 접할 수 있을 것 같은 병명을 내가 직접 듣게 되다니. 그것도 내가 당사자로. 눈을 떴을 때부터 나를 지켜보고 있던 헤드닥터가 뇌출혈이라고 하니 내가 할 수 있는 것이라곤 머리로는 이해가 되지 않아도 애써 받아들이는 것뿐이었다.

이틀 전, 햇살이 유난히 따사로운 12월의 어느 토요일이었다.

호주살이 석 달 차에 접어들어 제법 친해진 지인들과 시드니 근교의 브론테비치 해변으로 피크닉을 떠났다. 우리는 드넓게 펼쳐진 푸른 바닷가 앞에서 바비큐를 즐기며 "이게 호주지!" 감탄사를 연방 질러대며 맥주잔을 짤깍 기울였다.

그 뒤 성난 파도를 넘나들며 수영을 즐기고 있을 때였다. 바닷물을 꼴깍꼴깍 마셔가며 수영하는 도중 이제껏 느껴보지 못한 불길한 예감이 엄습해왔다. 형언할 수 없는 그 불길함은 내 머릿속에서 똬리를 틀어 떠나질 않았지만, 흥이 오른 지인들 사이에서 나는 아무렇지 않은 듯 침착하려 애썼다.

아니나 다를까 이내 몸에서 이상 신호가 하나둘 감지되었다. 머리가 찌릿찌릿 저린 느낌이 들었고, 몸도 마음대로 움직이지 않았다. 분명 앞으로 헤엄치려 손을 뻗었는데 손이 앞으로 나가질 않았다. 더 이상 바닷속에 있으면 안 될 것 같음을 직감적으로 느꼈다. 나는 거친 파도에 떠밀리다시피 모래사장으로 나오게 되었고, 곧바로 의식을 잃었다. 아니, 정확하게 말하면 의식은 있었다. 모래사장에 누워버린 내 위로 누군가의 얼굴들이 보였고, 누가 내게 소리치는지도 또렷이 들렸다. 그렇지만 내 의지대로 움직일 수가 없었다. 지인들은 나를 부축하여 근처 병원 응급실로 데려다주었다. 내가 기억하는 것은 같이 피크닉을 온 지인들이 어쩔 줄 몰라 하며, 나를 일으켜 부축했다는 것, 그리고 구급차는 호출비용만 300불이라 비싸서 차마 부르지 못하고 택시를 불러 병원으로 향했다는 것이었다. 그 기억을 끝으로 나는 긴 긴 꿈나라 여행을 떠났다. 그날이 12월 17일, 꿈속에서 나보다 앞서 처형당했던 사람, 김정일이 사망한 날이었다.

"써니, 지금 내 말 잘 들어. 냉정하게 말해서 네가 살 수 있는 확률은 40%야. 지금 해볼 방법은 2가지인데, 첫 번째는 수술이야. 두개골을 열어서 피를 제거하는 수술이지. 다른 하나는 그냥 놔두는 건데, 그냥 운에 맡겨 보는 거야."

나는 무슨 방법을 택했을까? 맥박이 뛰는 박자에 맞춰 지렁이가 내 머릿속을 꿈틀거리며 헤집고 다니는 것만 같은 느낌을 도저히 견딜 수 없었다.

"바로 수술시켜주세요."

한 치의 고민 없이 수술을 요청했지만, 의사의 재량으로 거절당했다. 촬영된 CT 사진 끄트머리 부분에서 미세한 혈관을 뚫고 나온 혈액이 뇌의 한 부분에 자리 잡고 있는 게 보였다. 피가 고여 있는 것이라 했다. 헤드닥터는 다행히 다른 신경을 건드리거나 달라붙진 않았다며, 내가 나이도 젊고 지병도 없으니 혈액이 흡수되길 천천히 기다려보자고 제안했다. 그렇게 중환자실에서의 병원 생활이 시작되었고, 그토록 기대했던 해외에서의 첫 크리스마스를 전혀 생각지 못했던 병실에서 맞이하게 되었다.

누워있는 동안 시간의 흐름은 지극히 단조로웠다. 식사

로는 아침저녁 구분 없이 빵과 샐러드, 요거트, 그리고 이따 금씩 커피가 나왔고, 내가 하는 건 약을 먹고 누워서 눈을 꿈 벅꿈벅거리는 게 전부였다. "토할 것 같아요.", "화장실 가고 싶어요.", "목이 말라요.". 간호사의 도움 없이 그 어느 것 하나 나 혼자서 할 수 있는 건 없었다.

"똑똑, 이름이 뭐예요?"
"오늘은 며칠이죠?"
"여긴 어디예요?"

간호사는 자꾸만 지극히 기본적인 질문을 건네며 자꾸 잠에 빠지려는 나를 깨웠다. 아마 이 녀석이 정신 줄을 놓은 것인가 수시로 확인하는 듯했다. 안 그래도 머리가 깨질 듯이 아파 잠에서 깨어나지 않길 바라고 있었는데, 매시간 깨워서 깊은 잠에 빠지지 못하게 하는 건 두통보다 더한 고문이었다.

이젠 삶과 죽음의 경계가 모호해졌다고 느껴지던 순간, 두 가지가 떠올랐다. 하나는 내 인생에 있어서 아직 못 해본 일들. 기념일을 챙겨보는 제대로 된 연애 한 번 못 해봤고, 남들 다 가보는 유럽 여행 한 번 가보지 못했다. 다른 하나는 소중한 내 사람. 사랑하는 친구들, 가족들이 얼마만큼 소중한 존재인지 새삼 깨닫게 되었고 미치도록 보고 싶었다. 하지만 볼 수 없었다. 지구 반대편이었기에 당연한 일이었다. 아무 연고도 없는 이곳에서 나를 위로하고자 찾아오는 이 역시 없었다. 가장 미안하고 도리어 내가 걱정했던 사람은 평소에도 걱정을 달고 사는 엄마였다. 사고가 난 후 같은 셰어하우스에 머물던 지인이 SNS를 통해 우리 누나에게 연락해 내 상황을 알렸다고 한다. 다음날 비행기를 타고 오겠다는 엄마를 말렸다. 너무나도 옆에 두고 의지하고 싶었지만, 사랑하는 아들이 갑자기 뇌출혈로 힘없이 누워 있는 모습을 보여주기 싫었다.

병실엔 큰 창문이 하나 있었다. 낮에는 따사로운 햇살이 병실 안으로 온 가득 내리쬐었다. 금방이라도 밖에 나가 일렁이는 바람과 햇살을 맞고 싶었다. 그날은 창문 밖 푸른 잔디밭 위에서 네다섯 살가량으로 보이는 아이들이 소리치며 신나게 뛰어노는 모습이 보였다. 멀리 있어 보이지 않아도, 해맑은 미소를 머금은 표정이 눈에 보이는 듯했다.

'나도 저렇게 뛸 수 있을까…? 아니, 다시 걸을 수만 있으면 좋겠다. 정말.'

일주일 전까지만 해도 바닷가에서 뛰어놀던 나였는데 말이다. 겨우 1분, 머리가 깨질 듯 아팠고, 몸이 마음대로 움직이지 않았을 뿐이었다. 누구에겐 너무나 당연히 여겨질 만한 것들이, 내겐 당연하지 못했고, 절박했다. 몸은 아픈데 정신은 멀쩡해서 더욱 괴리감이 들었고, 몸의 고통이 점점 마음마저 집어삼켜 가는 게 두려웠다.

'다시 일주일 전으로 돌아갈 수만 있다면 얼마나 좋을까?'

햇살이 유난히 따사로웠던 그날,
인생은 한 번뿐임을 온몸으로 깨달았다.

호주, 시드니
생명의 은인

병원에 그리 오래 있을 수만은 없었다. 병원비가 걱정이었는데 불행 중 다행이었던 것은 한국에서 출국하기 전 울며 겨자 먹기로 가입하고 온 여행자보험 혜택을 톡톡히 보았다는 것이다. 가입할 땐 불과 10만 원 내는 게 그렇게 아까웠지만, 400배나 되는 금액까지 보장받을 수 있다는 게 한 치 앞도 내다볼 수 없었던 내게는 정말 큰 위안이 되었다. 물론 억 소리나는 물가를 자랑하는 호주에선 4천만 원의 보장 한도도 금방 차버렸지만 말이다. (나중에 받아본 서류에서는 중환자실 1일 입원료가 100만 원이 훌쩍 넘었으며, 매일 사용된 알코올솜, 거즈 하나하나까지 비용으로 청구되어 있었다.)

수술이 아닌 경과를 지켜보는 관찰 진료를 택했기에 병원에 계속 입원해 있는 것도 크게 의미가 없어졌다. 오롯이 나의 힘만으로 걸을 수 있고, 혼자서 배변 활동이 가능해졌을 때 퇴원 후 통원 치료하는 것을 통보받았다.

사실 퇴원해서 갈 곳이 없었다. 사고 전, 이미 호주 남부의 아들레이드로 이동하기로 마음먹었었고, 비행기 티켓도 끊어놓은 상태였으며, 지내던 셰어하우스에서 방을 빼기로 했던 터였다.

퇴원 후 떠돌이 처지에 놓인 나를 받아준 사람은 다름 아닌 영석이형과 태훈이형이었다. 나와는 한 살 터울이자 동갑내기 친구 사이인 그 둘은 내가 지내던 셰어하우스에서 옆방을 쓰고 있었는데, 사고 전까지만 해도 서로가 바빠 자주 마주칠 일이 없었다. 단지 그 둘과의 공통점이 있다면 우연하게도 한국에서 나와 같은 대학교에 다니다가 휴학하고 호주에 왔다는 점이었다. 내가 지내왔던 3인실 방은 이미 다른 새로운 사람으로 채워졌고, 오갈 데 없어져 버린 나를 자기네 방에서 같이 지내자며 거두어준 것이다. 그들과의 인연은 이때부터였다.

그 방은 킹사이즈 침대가 하나인 2인실이었다. 그렇다. 안 그래도 둘이 한 침대에서 지냈는데, 이젠 남자 셋이 한 침대에서 자게 생긴 것이다. 형들은 기꺼이 침대 안쪽 자리를 내게 내주었고, 한 명은 바닥으로 내려갔다. 민폐도 이런 민폐가 없었다. 그 뒤에도 내가 불편한 것은 없는지, 항상 나를

33

우선해서 생각해주었다. 형들은 싫을 법도 했을 텐데, 싫은 내색 한 번 하지 않았다.

아침 7시가 채 되기 전에 형들은 스시 가게로 출근했다. 형들이 출근하고 나면, 나는 침대에 누워 하염없이 천장만 바라보게 되는 일과가 시작되었다. 이따금 거실 한 바퀴를 돌거나 핸드폰에 저장된 현아의 '트러블메이커'를 듣는다든지, 옆방 형이 빌려준 닌텐도로 게임을 하곤 했다. 형들은 오후 4시가 되면 마치 어미 새가 아기 새에게 먹이를 물어다 주듯 그날 못다 판 스시를 한 아름 안고 집으로 돌아왔다. 그 스시들은 우리의 저녁이 되었고, 내일의 아침이 되었다. 빈약한 아기 새에게 그 둘은 그야말로 생명의 은인이었다. 처음에는 무뚝뚝하게만 보였던 영석이형은 비록 유머 감각이 못 봐줄 정도였지만 세심하기 그지없고 다정한 아비 새였고, 팔베개를 해주며 왕년에 베이비복스 팬클럽 회장이었다며 베이비복스 노래를 메들리로 질리게 불러주는 태훈이형은 어미 새 그 자체였다.

그렇게 일주일에 한 번씩 통원 치료를 받으며 형들 방에서 얹혀 산 지 두 달이 흘렀다. 운이 좋았을까? 아니면 젊은 나이였던 만큼 예후가 좋았나 보다. 내 몸은 무서운 속도로

회복되었다. 단 한 가지 후유증이었던 비틀거림도 점차 사라졌다. 그간 만성적인 이유였는지 혈관에 문제가 생겨서 갑작스레 뇌출혈이 왔는지 다양한 검사들을 했지만 결국은 원인을 찾지 못했다. 마지막 검사에서는 머릿속에 고인 피도 말끔히 사라졌다는 걸 확인할 수 있었다. 비록 신을 믿진 않지만, 누군가 내게 다시 한번 기회를 주신 것이라 생각했다. 전투게임이었다면 싸울 수 있는 목숨 하나를 더 얻었다고 해야 할까? 병원에서 마지막 검사를 마치고 돌아오는 길, 뺨에 부딪히는 바깥바람의 촉감, 길가에서 건네 오는 "굿모닝" 인사치레, 코끝으로 풍겨오는 풀 내음, 모든 게 감사할 따름이었다.

다시 씩씩하게 걸을 수 있게 되었을 때, 애초 마음먹었던 '애들레이드'가 아닌 무작정 호주 북쪽 끝에 있는 작은 도시 '다윈'행 티켓을 끊었다.

호주, 다윈
치졸한 복수

"벅벅벅, 너희들은 모기 안 물려? 아 씨 왜 나만 무는 거 같지.
벅벅벅"

　녀석들의 편향된 애정 공세에 짜증 섞인 목소리가 터져
나왔다. 온몸이 미치도록 가려웠다. 내 피가 달다는 건 한국
모기들 사이에선 소문이 자자했지만 그새 호주 모기들에게
도 소문이 나버린 것일까. 같은 방 룸메이트인 프랑스 친구와
아일랜드 친구는 아무렇지 않게 지냈지만, 오직 나만 매일 밤
모기와 사투를 벌였다. 여기 모기 녀석들은 훈련도 잘 받았
나, 몸 여기저기에 열을 맞춰 가지런히 빼곡하게도 물어 재
꼈다. 얼굴을 제외한 온몸이 빨간 반점투성이가 되어버렸다.
시간이 지나도 가려움이 사그라들 기미는 보이질 않았고, 자
꾸만 긁어댄 탓에 올록볼록 고름이 차오르다 터져 진물이 나
온 곳이 하나둘 늘어났다.

그러고 보니 모기 특유의 '윙~ 윙~'소리를 들었을 법도 한데, 그 거슬리는 소리를 단 한 번도 들은 적이 없었다. 갸우뚱했다. 불현듯 이건 모기가 아닐 수도 있겠다는 생각이 들었다. 침을 꼴깍 삼키며 인터넷을 뒤져보기 시작했다.

"Bedbug bite", "모기에게 물린 것처럼 가려우나, 모기와는 차원이 다른 지속적인 통증", "혈관을 따라 일렬로 상처가 나는 것이 특징."

옳다구나. 범인은 모기가 아니라 이 녀석임을 99% 확신했다. 증상 하나하나가 내가 겪고 있는 것과 모두 일치했기 때문이다. 나는 지금까지 베드버그에게 물린 것이 분명했다.

우리나라에서는 '빈대'라는 명칭을 가진 베드버그(Bedbug). 붙여진 이름 그대로 낮에는 낡고 오래된 침대 매트리스나 갈라진 목재 틈 사이에 숨어 지내다가 밤이 되면 잠을 자는 사람의 피를 흡혈하는, 아주 비열하고 악명 높은 녀석이었다. 21세기에 빈대라고? 내가 세상에 나오기도 훨씬 전인, 그러니까 1950~60년대에는 빈대가 우리나라에서도 흔히 볼 수 있는 존재라고 들었지만, 그런 전설(?) 속의 주인공을 실제로 접할 줄이야. 초가삼간도 아닌 이 현대식 아파트에 빈대가 있을 거라곤 상상조차 못 했다.

베드버그에 대해 검색하면 할수록 사태의 심각성을 깨달았다. 일단 녀석은 한 놈만 패는 습성이 있어서 무는 놈만 계속 물고 다른 사람은 쳐다보지도 않는다고 한다. 그래서 3인실 방 안에서 내가 숙주로 당첨되어 고놈들이 나만 그렇게 빨아 재꼈던 것이다. 게다가 과장 좀 보태어 그 숙주를 지구 끝까지 따라다닌다고 한다. 이미 난 오염된 몸이 되어버렸기 때문에 행여나 나를 졸졸 따라다녀 다음 집이라든지 일터에 베드버그를 달고 다닐까 두려웠다. 그래서 이 녀석에게 물렸다고 어느 누구에게 하소연조차 할 수 없었다. 실제로 내가 메고 다니는 배낭끈 접힌 부분에서 숨어 있는 베드버그 몇 마리를 잡기도 했다. 이런 악랄한 녀석을 퇴치하려면 웬만한 살충제로는 퇴치할 수 없고 강력한 햇볕이나 불에 태워야 할 정도로 생명력이 아주 강한 녀석이란다. "빈대 잡으려 초가삼간 태운다."라는 속담이 괜히 나온 말이 아니었다.

검색한 정보를 머릿속에 입력하고 나는 곧장 침대로 달려갔다. 새하얀 침대 시트를 자세히 들여다보니 볼펜으로 점을 찍어놓은 듯한 핏자국들이 군데군데 보였다. 아마 간밤에 녀석들이 내 피를 빨아먹는 도중, 자다 뒤척이는 내게 압사당해 피가 팡 터진 자국일 것으로 추측했다.

시트를 벗겨보니 참으로 가관이었다. 매트리스는 어디

폐기물 처리장에서 주워 온 것처럼 거무튀튀한 곰팡이로 도배가 되어있었고, 이를 지탱하던 나무틀은 그야말로 썩어있다는 표현이 적절해 보였다. 갑작스러운 밝은 빛에 당황했는지 매트리스 접힌 부분과 나무틀 틈 사이에서 좁쌀만 한 베드버그들이 기어 나오고 있었다. 이것들이 그동안 내 피를 빨아먹고 지냈었구나!

"사핀! 내 침대에 베드버그가 있어! 이것 봐봐!"
"다른 사람들은 멀쩡한데 너만? 에이, 모기일 거야. 진정하라고."

당장 집주인 사핀에게 달려가 이 사실을 알렸지만, 그는 그럴 리가 없다며 베드버그의 존재를 부정했다. 이에 나는 웃통을 벗어부치고 벌레에게 물린 자국들을 보여주었지만, 그는 강 건너 불구경하듯이 냉담하게 반응했다. 되레 마치 '네 집에 있던 거겠지'라는 듯한 뉘앙스와 표정으로 나에게 핀잔을 줬다. 순간 내 상처에 대한 부정과 돈을 더 벌기 위해 방 한구석에 썩은 침대를 들여놓고 나를 받았다는 의심에 참기 힘든 울분이 치밀었다.

"사핀, 내 침대 상태를 보니까 너무 엉망인 것 같아. 교체해줬으면 해."

"지금까지 잘 지내다가 무슨 소리야. 침대는 말짱해."

"침대가 썩어버렸는데? 바꿔주지 못하면, 더는 못 지낼 것 같아. 보증금과 남은 기간의 세를 돌려줘."

"그건 안 되지. 너만 물렸다고 네 뜻대로 해줄 순 없어. 계약한 기간이 있잖아."

나만 물렸으니 집세를 돌려줄 수 없다니. 그동안 사핀과 살갑게 지냈는데 돈 문제가 끼어드니 그렇게 냉정할 수가 없었다. 서로의 입장을 어느 정도 배려해주는 것이 인지상정이라고 배웠거늘, 계약을 물고 늘어지는 그를 보니 정이 뚝 떨어졌다. 그와 말을 섞으면 섞을수록 이성적으로 말을 이어 나갈 수가 없었다. 가뜩이나 베드버그 때문에 잠 못 이루고 미칠 듯한 가려움으로 신경이 곤두서 있었는데, 그의 나 몰라라 대응은 내 마음속 분노를 걷잡을 수 없이 번지게 하는 윤활유가 되었다.

'너 이 자식… AB형 잘못 건드렸다…. 어디 한번 다 죽어보자.'

그와 말싸움하는 도중 그를 엿 먹일 묘안이 하나 떠올랐다. 일단은 빈대가 창궐한 침대에서 몇 밤을 더 지낼 순 없었기에 사핀에겐 오늘 밤 집을 나가겠다며 최소한의 보증금만을 받아내고, 부랴부랴 짐을 챙겼다. 그 뒤 종이컵에 그간 내 피를 빨아먹고 자란 오동통한 녀석들만을 엄선해서 채집하기 시작했다. 녀석들이 죽을까 봐 애기 다루듯 조심조심 옮겨 담았다. 어제의 적이 오늘은 아군이 되는 순간이었다. 그리고 사핀이 일을 나가기만을 기다렸다.

"써니, 오늘 나가겠다고 하는데 앞으로 2시간 남았어. 서둘러 짐 싸서 나가길 바랄게."

"2시간은 이 집에 있을 수 있거든? 내가 시간 되면 알아서 나갈 거야, 걱정 마."

문밖에서 재수 없는 사핀의 목소리가 들렸고, 나는 그와의 신경전에서 지기 싫었다. 그간 같이 생활하다 이제는 곧 헤어질 하우스 메이트들과 꾸역꾸역 자정까지 보내다 나가고 싶었고, 나가기 전 이 집에서 해야 할 마지막 임무가 남아 있었다. 야간 일을 하는 사핀은 평소처럼 11시 반에 집을 나섰다. 그가 집을 나가자마자 나는 임무를 개시했다.

"좌라락"

사핀이 일을 나가고 없는 그날 밤, 수 시간 동안 채집한 수백 마리 베드버그들을 그의 침대 시트 안에 흩뿌려놓고는 셰어하우스를 도망쳐 나왔다. 내가 할 수 있는 가장 통쾌한, 최선의 복수였다.

호주, 다윈
안 될 날

자정이 넘은 시간, 오갈 곳 없어진 나는 백패커스에 짐을 풀었다. 그날 새벽, 내가 잠든 백패커스에 불이 났다. 다행히 같은 층이 아니었고 크지 않은 화재여서 직접적인 피해는 없었지만, 한바탕 소동으로 거리로 나와 뜬눈으로 밤을 지새워야 했다.

사핀이 내가 있는 곳으로 찾아와 복수를 한 걸까?
아니면 내 행동을 괘씸하게 여긴 하늘이 벌을 내리신 걸까?

권선징악, 옛말에 틀린 말 하나 없더라.

호주, 다윈
넌 해고야!

아침 6시부터 오후 3시까지 4성급 호텔의 하우스키퍼, 그리고 저녁 6시부터 새벽 2시까지 카지노 내 뷔페의 스튜어드. (말이 좋아 스튜어드지, 실상은 접시닦이다.)

시급은 두 곳 모두 3만 원이 훌쩍 넘었다. 야간과 주말, 그리고 공휴일에는 각각 1.5배로 계산되었다. 그렇다면 주말 야간이나 공휴일 야간이라면? 생각만 해도 입가에 미소가 절로 지어지는 행복한 상상이다. 휴식 시간을 빼고도 하루 평균 14시간의 노동. 그에 따른 대가는 평일 기준으로 얼추 계산해 봐도 하루에 40만 원이 훌쩍 넘었다. 불과 한두 달 전까지만 해도 수중에 115달러가 전부였던 나는 돈에 눈이 멀 수밖에 없었다. 주 단위로 급여가 지급되는 호주의 급여 체계로 매주 200만 원이 족히 넘는 금액이 통장에 찍혔다. 그렇다. 나는 모든 워홀러가 부러워할 만한 오지잡(Aussie Job, 호주 현지인이 고용하는 일자리로 호주 급여체계를 준수한다.), 그것도 투잡을 뛰는 돈에 미친 워홀러였다.

　하지만 두 개의 일을 병행하기 시작한 지 3주 만에 내 몸이 서서히 갈려지고 있음을 느꼈다.

　푹푹 찌고 습한 날씨 탓에 육수를 흠뻑 쏟아내며 하루가 어떻게 가는지 모르게 호텔과 카지노에 오갔다. 새벽 2시에 카지노를 마치고 돌아와 씻고 누우면 3시가 다 되었고, 꿈도 꿀 새 없이 2분 같은 2시간이 지나면 알람이 울리는 소리에 기계같이 일어났다. 절대적으로 수면시간이 부족한 탓에 다크서클은 볼 밑까지 내려왔고, 살려고 닥치는 대로 먹어대도 그마저도 없던 살이 쪽쪽 빠져 거울에 비친 내 모습은 생기 하나 없이 영판 볼품없어 보였다. 이 생활을 계속 해야 할지 고민될 정도였지만, 고민은 고민에 불과했다. 좀처럼 잡기 힘든 일자리였기 때문에 어느 하나 내려놓기가 쉽지 않았고, 조금만 더 해보고 하나는 그만두자는 생각으로 오늘도 어김없이 알람 소리에 좀비처럼 일어나 깜깜한 새벽길을 나섰다.

　오늘 부여받은 일은 장기투숙객 방들을 돌며 침구를 교체하고 카펫을 청소하는 하우스키핑이었다. 2시간밖에, 그것도 기절하다시피 눈을 붙이고 하루를 시작하는 내게 객실 안의 침대는 오늘따라 유난히 포근해 보였다. 각 침대가 흐리 멍덩해진 내게 "여기에 한 번 누워볼래?"라며 유혹하고 있는 것 같았다. 나는 차마 그 달콤한 유혹을 이기지 못하고, 침대에 철퍼덕 누워 포근함을 만끽해버리고야 말았다. 그리고 쥐도 새도 모르게 스르륵 눈이 감겼다.

"Oh my…! It is not good idea!"

날카롭지만 높지도 낮지도 않은 어조로 누군가 내뱉은 한 마디에 별안간 눈이 떠졌다. 떠진 두 눈앞엔 차갑기 그지없는 인상의 중년의 백인 아주머니가 팔짱을 낀 채 서 있었다. 나는 상황을 직시하고 다급히 침대에서 일어났지만, 단한 마디만을 내뱉은 백인 아주머니는 고개를 가로저으며 쌀쌀맞게 객실 밖을 나갔다.

"아… x 됐다."

이윽고 나를 부르는 매니저 로즈마리의 무전이 있었다. 잠시 후면 펼쳐질 내 미래가 너무나도 선명히 그려졌다. 멀쩡한 엘리베이터를 놔두고 계단으로 터벅터벅 내려갔다. 몇 발짝 내려가다가 그만 자리에 주저앉고 말았다. 지금, 이 상황이 너무너무 창피하고 로즈마리를 볼 면목이 없었다. 이게 현실이 아닌 꿈이길 진정으로 바랐다. 무엇보다 나 자신에게 너무 화가 났다. 3개월간 힘들게 쌓아온 내 신뢰를 이렇게 허망하게 무너뜨려 버리다니, 어떻게 잡은 일자리인데...

"Sunny! You are fired-! (써니! 넌 해고야!)"

매니저 방에서 이뤄진 로즈마리와의 대화는 그리 오래 걸리지 않았다. 중학교 영어 수업 시간에 'fire=불'이라는 의미 이외에 '해고하다'라는 의미가 있다는 걸 듣긴 했지만, 굳이 실전에서 들을 필요까지야. 그렇게 나는 3전 4기 끝에 어렵게 얻은 일자리를 잃고 말았다. 내 인생 첫해고였다.

조회 때마다 늘 밝은 얼굴로 칭찬을 아끼지 않았던 매니저 로즈마리였기에, 붉게 상기된 로즈마리의 얼굴을 마주한 나는 그 어떤 변명도 내놓을 수 없었다.

타이페이, 대만
역지사지

지인들에게 선물할 기념품과 그간 내 두 다리가 되어주었던 자전거를 분해해서 박스에 고이 넣었다. 한국으로 돌아갈 준비를 마쳤다. 오늘은 대만에서 보내는 마지막 날이다. 이틀 전 종착역인 타이페이에서 이틀간 머물 숙소를 고민하던 중 호주에서 알게 된 대만 친구 크리스와 연락이 닿아 그의 집으로 초대받았고, 대만 현지 가정문화를 직접 느껴볼 수 있을 것 같아 흔쾌히 수락했다. 아니나 다를까 대가족인 크리스네에 머무는 동안 그의 가이드가 완벽했던 건 물론이거니와 크리스의 할머니, 누나, 매형으로부터 융숭한 대접까지 받았다. 귀국길에 올라야하는 오늘까지도 크리스는 나를 공항버스 정류장 코앞까지 배웅해 주었다.

"너 중국어 잘 못하니까 내가 대신 버스티켓 끊어줄게."

역시 현지인과 함께하니 모든 것이 정말 편하구나. 크리스는 중국어를 잘 모르는 나를 위해 공항으로 가는 버스 티켓도 대신 끊어주었다. 마지막까지 모든 것이 순탄하게 해결되어가는 걸 보니 이번 여행이 순조롭게 마무리되고 있다는 느낌이 들었다. 편의점에서 아침 허기를 달래줄 샌드위치와 밀크티로 주머니 속에 짤랑거리고 있던 남은 대만 동전들도 모조리 해결했다.

이윽고 공항으로 향하는 버스가 정차했다. 나는 크리스와 또 다른 곳에서의 재회를 약속하며 작별 인사를 나누고 버스에 올라탔다. 아침 일찍부터 부지런히 움직인 탓에 두 눈가에 피곤이 몰려와 쪽잠을 청해봤지만, 쉽사리 잠이 오지 않았다. 창밖 풍경이나 감상할 요량으로 시선을 창문으로 돌렸다. 그런데 뭔가 이상했다. 이상해도 단단히 이상했다. 내가 가야 하는 송산 공항은 도심 한 가운데 자리 잡고 있어 높게 솟아오른 마천루들이 보여야 하는데, 휑한 벌판만이 끝없이 펼쳐지고 있었다. 순간 불길한 예감이 들었다. 아까의 평온한 감정은 온데간데 없이 사라지고 불길함이 가슴속에 채워지기 시작했다.

"실례합니다. 혹시 이 버스 송산 공항 가는 거 맞죠?"

불행히도 버스 안 내 주변에는 영어를 할 줄 아는 사람이 없었다. 잘못 봤겠거니 다시금 창밖을 내다보지만, 처음 입국 당시 공항에서 시내로 들어왔을 때 버스에서 내다봤던 풍경은 분명 아니었다.

버스를 탄 지 한 시간여가 흘렀다. 아니다. 확실히 아니다. 분명 올 때는 공항에서 버스를 탄 지 20분 만에 시내에 떨어졌었다. 그래도 실낱같은 희망을 품은 채 애타는 가슴을 진정시켜보았지만, 버스의 제 목적지에 도착하여 '타오위안'이라는 팻말을 보자, 내가 품고 있던 외로운 실오라기는 끊어져버렸다.

"안녕하세요! 제 티켓이 송산 공항에서 한국으로 가는 비행기 편인데, 공항을 잘못 왔어요. 어떡해야 하죠?"

"이런… 여기 타오위안 공항에서 송산 공항까지는 1시간 정도 걸려요. 그런데 티켓을 보니 1시간 남았네요?"

"뭐라고요…?"

나의 비행기 티켓은 오전 11시 이륙인데, 시계는 벌써 오전 10시를 가리키고 있었다. 에바 항공사 직원의 말처럼 제시간에 송산 공항까지 가는 것은 도저히 불가능해 보였다. 일말의 희망이라면 송산공항의 에바 항공 사무실에 연락을 취해 주겠다는 것과 곧장 택시를 탄다면 50분 정도 소요될 것이라는 말뿐이었다. 설령 10시 50분에 도착하더라도, 11시 이륙인 국제선 비행기에 탑승한다는 것은 기장에게 백만 불을 쥐어준다 하더라도 불가능할 일일 것이다.

상황을 정리해보자면 이렇다. 나는 타이페이 시내에 있는 송산 공항으로 가야만 했다. 그러나 대만에서 가장 국제선 왕래가 활발한 공항은 타이페이 외곽에 자리 잡은 타오위안 공항이다. 크리스는 당연히 내가 타오위안 공항으로 가겠다고 생각했을 것이다. 그래서 송산 공항행이 아닌, 타오위안 공항행 버스티켓을 끊어다 준 것이었다. 우리나라로 치면 인천 공항과 김포 공항의 개념과 비슷하다고 볼 수 있다. 타오위안 공항은 인천 공항 느낌으로 국제선이 활발한 공항이며, 도심에서 멀리 떨어져 있다. 송산 공항은 도심 속에 위치한 공항이고, 상대적으로 국제선보다는 국내선 비행기들의 왕래가 더 잦다. 이런 타오위안 공항행 티켓을 끊어준 크리스의 배려와 생각을 충분히 이해했기에 그의 배려를 원망할 수가 없었다. 받아 든 티켓의 목적지가 맞는지 재차 확인하지 못한 내 잘못이지.

설상가상으로 수중에는 돈 한 푼 없었다. 가난한 여행자 컨셉이었기에 비상용 현금카드도 물론 가지고 있지 않았다. 그나마 있던 잔돈마저 굶주린 배를 채우자며 아침에 편의점에서 빵과 음료를 위해 지불했던 터였다. 세상 근심을 다 떠안은 표정으로 공항 안팎을 방방 뛰어다니며, 답 없는 상황에 도움의 손길을 요청해봤지만, 돌아오는 건 심심한 위로가 담긴 직원들의 표정들뿐이었다. 그러던 중 한 중년의 아저씨가 말을 걸어왔다.

"무슨 일이 신가요? 저 영어 조금 할 수 있어요."
"제가 지금…"

가까스로 정신 줄을 부여잡은 채, 내가 생각해도 바보 같은, 어떻게 보면 변명으로밖에 안 들리는 상황을 그 아저씨에게 토로하고 있었다.

"음… 시간상 그쪽이 비행기를 탈 수 있을지는 모르겠어요. 하지만 아직 비행기는 뜨지 않았을 테니 얼른 택시를 타고 가보시는 게 좋겠어요."
"그런데요…. 지금 돈이 없어요…."

"제가 드릴게요! 여기요. 이 정도면 충분할 거예요. 얼른 가보세요!"

　기어들어 가는 목소리로 "정말 감사합니다."라는 말밖에 할 수 없을 정도로 너무 경황이 없었다. 아저씨는 내 손에 지폐 뭉치를 쥐여주며 나를 택시 안으로 밀어 넣었다. 그러고는 해석할 수는 없었지만 택시 기사에게 송산 공항으로 빨리 가 달라는 듯한 말을 남겼다. 택시 기사는 자전거가 포장된 박스를 재빨리 트렁크에 실었다. 박스가 너무 큰 나머지 트렁크는 닫히지 않았다. 그렇게 출발 당했다.

　아까 받은 호의.
　정말 감사하고, 감사하고, 정말 감사한데 자꾸만 많은 생각이 들게 했다. 과연 내가 우리나라에서 처음 마주한 외국인이 나와 같은 상황에 부닥쳐 있다면 나는 선뜻 4만 원이라는 거금을 내어줄 수 있을까? 조금 부끄럽지만 내 대답은 "아니."였다.
　시내라 그런지 차가 굉장히 막혔다. 야속한 시곗바늘은 쉬지 않고 움직였다. 정확히 비행기 출발 5분 전인 10시 55분, 드디어 송산 공항에 도착했다. 다급히 택시 문을 열었다. 그런데 가히 생각지도 못한 광경이 눈앞에 펼쳐졌다.

"타오위안 공항에서 온 한국 분 맞으시죠? 기다리고 있었어요! 잠깐의 지연으로 인해 아직 탑승 가능하답니다. 얼른 갑시다!"

로또 당첨될 운을 여기에 다 쏟은 것일까?

송산 공항 게이트 앞에 네댓 명의 에바 항공 직원들이 나와서 나를 기다리고 있었다. 직원들은 각자 나의 자전거 박스, 배낭을 나눠 들어주었고 우리들은 재빨리 뛰기 시작했다. 나는 그들의 에스코트 아래 그토록 갈망했던 기내 좌석까지 무사히 도착했다. 이내 비행기는 요란한 굉음과 함께 이륙했다. 평소 같았으면 불편하기 그지없었던 일반석이 지금만큼은 어릴 적 어머니의 품 마냥 내 지친 심신을 감싸 주었다. 나도 모르게 눈물이 났다.

대만의 타이페이는 나에게 그 어떤 도시보다 따뜻하고 친절한 도시로 남게 되었다. 한 나라의 이미지를 결정하는 것은 이 순간 하나면 충분했다.

그리스, 산토리니

여행의 이유

옛말에 '사촌이 땅을 사면 배가 아프다'라는 말이 있다. 이는 경쟁의 과열 속에 서로에 대한 비교와 상대적 이득에 만족감을 취하는 우리나라 사람들의 심리가 잘 반영된 속담이지 않을까 싶다. 우리나라에서는 좁은 땅덩어리에 수많은 이들이 나고 자라 서로 부대끼며 살아왔다. 그 결과 개인행동의 적절성을 따지는 엄격한 집단주의와 다른 이를 의식하고 서로를 비교하는 문화가 굉장히 발달한 듯하다. 나 역시 오롯이 나 자신을 위한 절대적 행복보다 '타인이 나를 어떻게 생각할까'라는 상대적 행복에 중점을 두었으며, 학창 시절 "옆집 누구네 아들은 이번에 수학 100점 맞았다더라." 등의 비교 받는 말을 왕왕 듣고 자랐다. 그래서 그런지 여태껏 행복이란 감정은 남보다 더 우수한 결과물을 성취했을 때와 같이 남들과의 비교에서 비롯되곤 했으며, 비교의 빈번함 아래 그 기준은 높아져 갔다. 서로에 대한 비교가 어쩌면 행복에 대한 기준점을 높이고 있었던 것인지도 모르겠다.

하지만 스물셋, 처음으로 여행이란 걸 시작하고부턴 행복의 기준이 확 낮아졌다. 여행하는 동안에는 내가 어딜 가고 싶은지, 뭘 먹고 싶은지, 나의 목소리에만 귀 기울이기 바빴고, 비교할 틈이 생기지 않았다. 그리고 행복이란 녀석은 지극히 사소한 것에 숨어 있었다.

지나가는 낯선 이에게 길을 물었을 뿐인데, 뜻밖의 친절한 대답이 돌아왔을 때, 무작정 방문한 동네에서 무척 마음에 드는 카페를 발견했을 때, 집어 든 물건값이 남아있는 잔돈에 딱 맞게 떨어졌을 때, 푹푹 찌는 날씨에 더위를 날려주는, 어디선가 살랑살랑 불어오는 바람 하나에도 곧잘 행복을 느끼곤 했다.

스물셋의 첫 해외여행 이후, 행복이라는 것이 별다른 게 아니라는 것을 깨닫고 나선 전보다 훨씬 쉽게 일상에서 행복을 찾게 되었다.

횡단보도 앞에 다다를 무렵 신호등이 초록 불로 바뀌었다거나, 지하철역의 플랫폼에 도착하자마자 승강장 문이 열렸다거나, 집에 도착했을 때 택배가 나를 기다리고 있다거나, 행복해질 수 있는 이유는 충분했다.

행복해진다는 것, 생각보다 아주 쉬운 일이다.
나에게 '여행'은 행복이 그리 멀리 있지 않다는 걸 느끼게 하는 필수 불가결 행위다.

남아프리카공화국, 케이프타운

프랑스, 파리
낭만이 뚝뚝

"유럽에서는 소매치기 조심하세요."

"자물쇠로 잠가놔도 혼을 쏙 빼놓고 빼가더라고요."

"가방은 언제나 앞으로 메고"

유럽에 오기 전, 인터넷상의 무수히 많은 글이 유럽의 소매치기에 대한 경계를 당부했었다. 어느 누구도 유럽이 안전하다는 사람은 없었다. 그러나 이 공간만큼은 그런 '경계'라는 단어가 통용되지 않아 보였다. 수백 개의 가방이 땅 위에, 난간에 널브러져 있었다. 소매치기범들이 봤다면 눈이 돌아갈, 그런 광경이었다. 온라인상에서 선행학습으로 다져졌던 내 경계심을 무너뜨려 버린 순간이었다. 바로 센 강 앞에 서였다.

노을빛이 센 강을 물들이고 있을 즈음, 수백 개 가방의 주인들은 어디선가 흘러나오는 음악 소리에 맞춰 춤을 추고 있었다. 정장을 입고 있는 갓 퇴근한 파리지앵, 머리가 희끗한 중년의 파리지앵, 초록 치마, 자주색 스타킹이 돋보이는 파리지앵, 남녀노소 너나 할 것 없이 즉흥적으로 파트너를 찾아 손을 잡고 리듬에 몸을 맡겼다. 여기의 수많은 사람 중에 나와 토마스, 단둘을 제외한 모두가 한 편의 뮤지컬을 찍는 중이라 해도 과언이 아닐 정도로 지금, 이 순간이 현실이 맞나 싶었다. 토마스는 내게 무리에 껴서 파리를 즐겨보라 권했지만, 몸치 중의 몸치인 내가 차마 로맨스 가득한 이 판을 깨뜨릴 순 없었다.

'뭐야… 너무 낭만적이잖아.'

낭만이 뚝뚝 흘렀다. 다짐했다. 유럽을 한 바퀴 돌고 다시 파리에 돌아와, 꼭 여기에 와서 '프리허그'를 하겠노라고.

체코, 프라하
1년에 한 번 돌아오는 날

'7월 29일'

며칠 전부터 의식은 하고 있었으나, 숙소 벽에 걸린 달력이 오늘이 내 생일임을 다시금 인지시켜주었다. 매년 오는 날이라며 애써 무심한 척 보내왔지만, 그래도 날이 날이니만큼 오늘 하루는 별다른 계획을 잡지 않았다. 자전거를 끌고 거리로 나가 프라하 구 시가지를 정처 없이 배회했다.

안 그럴 줄 알았는데 마음 한편이 뒤숭숭했다. 분명 평소와는 조금 달랐다. '생일이 뭐 벼슬이냐' 싶다가도 타국에서 맞이하는 첫 생일이라는 것과 '그래도 여긴 낭만의 도시 프라하인데'라는 생각에 왠지 모르게 씁쓸했다. 게다가 거리엔 죄다 커플들뿐이라서 오늘따라 나만 덩그러니 혼자 놓인 기분이 들었다. 생일이니 근사한 레스토랑에서 칼질 좀 해야겠다는 환상 따윈 없었지만, 근 3주간 쉼 없이 페달을 굴리며 고생한 나 자신에게 무언가 보상을 해주고 싶었다. 그러다 갑자기 자전거를 멈춰 세웠다. 여행사의 커다란 창밖에 붙여진 스카이다이빙 포스터가 내 눈을 사로잡은 것이다. 한동안 포스터를 들여다보았다.

'한 번 해볼까?' 설렘은 충만했지만 적지 않은 비용이어서 살짝 고민이 되었다. 일주일은 족히 쓸 생활비가 들어갈 것 같은 사이즈였다.

'에잇, 오늘이 아니면 언제 이런 사치를 부리겠어. 생일, 좋은 명분이지 뭐.'

결국 하늘을 날아보기로 했다.

한라산의 2배보다도 더 높은 4,000m 상공에서 말이다.

당장 행동을 개시했다. 여행사의 문을 열고 들어가 체험이 가능한지 여부를 확인했다. 운 좋게도 마침 경비행장으로 이동하는 셔틀이 대기하고 있다고 하여, 여행사에 자전거를 맡겨버리고 셔틀버스에 몸을 실었다. 버스에는 이미 3명의 관광객이 타고 있었다. 모두 한국인이었다. 1시간가량을 달려 프라하 근교의 드넓은 초원에 있는 경비행장 사무실에 도착했다. 그곳에 들어가 제공해주는 슈트를 덧입고 직원이 건네주는 유언장 비스름한 서류들에 사인을 했다. 사인해야 하는 항목들의 내용은 하나같이 "나는 여기서 죽어도 괜찮다.", "문제가 생길 경우 OO에 동의한다." 등등 불안하기 짝이 없는 내용들이었다. "나 죽어도 괜찮아요." 식의 서약서에 서명하고 있자니 묘한 기분이 들었다. 오늘 아침 충동적으로 선택한 일에 약간의 의구심이 일어났다. 모든 이가 사인을 마치고 나니, 주의 사항과 뛰어내릴 때의 자세 등에 대한 간단한 교육이 실시되었다. 안전교육이 끝나고, 드디어 하늘로 올라가기 위해 경비행기에 올랐다.

고도가 높아져 간다 느낄수록 경비행기의 엔진 소리는 커져만 갔고, 내 심장은 이에 맞춰 쿵쾅거리기 시작했다. 10여 분이 흘렀을까? 어느 정도 올라왔다 싶은 비행기는 하늘 한 가운데서 빙빙 맴돌았고, 담당 다이버들은 체험자들의 장비를 하나씩 점검하기 시작했다. 이내 비행기의 문이 열리자, 문 가까이 앉아있던 순서대로 사람들이 지체 없이 뛰어내리기 시작했다. 정확하게 말하면 뛰어내려짐 당하고 있었다. TV에서 볼 땐 무서워서 쉽사리 뛰어내리지 못하고 주저하는 모습들이었는데, 현실은 전혀 딴판이었다. 쌀을 주식으로 하는 민족이 아니어서 그런지, 뜸 따위는 들이지 않았다. 마음의 준비를 할 시간이고 뭐고 없이 경비행기 안이 빗자루로 쓸리듯 사람들이 우수수 다 쓸려 떨어져 나가고 있었다.

어느새 내 앞사람이 눈앞에서 사라졌고, 순식간에 내 차례가 왔다. 나 역시 '무섭다', '두렵다'라는 감정을 느낄 여유도 없었다. 그렇게 망설일 시간도 없이 나는 내 몸을 전적으로 맡긴 다이버에 의해 뛰어내려졌다. 내 의지와는 상관없이 순식간에 일어난 일이었다.

"윽–" 하는 짧은 신음이 본의 아니게 흘러나왔다. 하늘을 나는 느낌보다는 그냥 '추락', 짜릿한 추락의 느낌이었다. 새삼 중력의 대단함을 느꼈다. 그리고 중력에 맞서 싸우는 공기에 의해 얼굴 살이 너덜너덜거림을 느꼈고, 입은 활짝 벌어졌다. 벌어진 입 사이로는 침들이 흘러나왔다. 고글을 썼지만, 미세한 틈을 비집고 파고드는 바람 때문에 얼굴은 눈물바다가 되어버렸다.

인생에서 가장 짜릿한 40초의 시간이 지나고 낙하산이 후루룩 펼쳐졌다. 낙하산이 펼쳐지는 순간 몸이 붕 뜨면서 갑자기 하늘로 솟구친 느낌이 들었다. 이때부터는 패러글라이

딩 모드로 전환했다. 한참을 부유하듯 둥둥 떠서 방금의 짜릿함을 곱씹어 보았다. 돌이켜보니 실제 자유낙하를 하는 순간보다 더 떨렸던 건 아주 잠시 비행기 난간에 걸쳐 있던 찰나가 아니었나 싶었다. 자유낙하 때는 전망을 감상할 겨를조차 없었는데, 이때는 눈앞에 펼쳐진 프라하 구 시가지와 핑크빛 호수의 아름다운 경치를 만끽할 수 있었다. 아래로 내려다보이는 광경은 흡사 인터넷에서 구글맵을 보는 것 같았다. 지상의 건물과 자동차가 엄청 작은 점처럼 보였다.

땅과의 거리가 가까워질수록 점처럼 보였던 사물들은 점점 현실감 있게 다가왔고, 이내 착지했다. 마치 유체 이탈. 몸은 땅에 안착했지만, 영혼은 저 높은 하늘 어딘가에 두고 온 것처럼 붕 떠 있었다. 잠깐 5분 사이에 폭삭 늙어 버린 것만 같았고, 사무실로 돌아가는 걸음걸이가 내 다리가 아닌 것처럼 어색했다.

"휴우-" 깊은 안도의 한숨을 내뱉었다.

하늘에서 떨어질 때 내 뺨에 아주 세차게 부딪히던 그 차가운 공기와, 곧 터져버릴 듯 나대던 심장, 발아래 펼쳐진 프라하의 그림 같은 풍광은 정말이지 지금도 손에 잡힐 듯 생생하다.

누구에게는 1년 365일 중 평범한 하루였겠지만, 나에겐 특별했던 그날. 올해도 어디 새지 않고 잘 돌아왔다고 나에게 주는 의심할 여지 없는 최고의 선물이었다.

체코, 프라하
행복에 대한 단상

주구장창 여행만 다니는 내가 걱정되었는지 혹자들은 묻곤 했다.

"너 그러다 언제 취직할래?" "결혼은 언제하고?"

"하고 싶은 게 있어도 지금은 안정적인 기반을 닦고 나서 나중에 여유가 있을 때 이런 거 저런 거 즐겨도 좋지 않을까?"

그럴 때마다 머쓱하게 웃어넘겼지만, 속으로 되물어보고 싶었다.

"행복하세요…?"

그 시기 누군가 내게 행복하냐고 물었다면 1초의 망설임도 없이 "네!!!"라고 대답할 자신이 있었다. 물론 누구도 그런 질문을 한 사람은 없었지만 말이다.

　　같은 시기 내 또래들이 A+를 위해 수강 신청 광클 전쟁에 뛰어들 때, 나는 경이로운 가격을 찾아 국제선 항공권 프로모션 광클 전쟁에 뛰어들었다. 그러곤 보란 듯이 기말고사 기간을 겨냥해 티켓을 예매했다.

사실 스펙 향상을 위한 자격증, 취업, 임용고시 등 저마다의 길을 향해 도서관에서 학업에 매진하고 있는 주변을 보고 있자니, 미래에 대한 걱정이 아예 들지 않았다면 거짓말이다. 허나 그 시기에 적어도 나는 언제 올지도 모르는 나중을 위해서 살고 싶지 않았다. 또 언제 잘못될지 모른다는 생각에 오롯이 나를 위해 당장의 행복을 추구하고 싶었다. 내일의 나는 없을 수도 있으니까.

행복이란 게 핸드폰 안의 영상이나 사진처럼 보고 싶을 때마다 꺼내어 보고 언제건 챙겨볼 수 있도록 저장해놓을 수 있으면 얼마나 좋을까? 불행인지 다행인지 스물셋 어리다면 새파랗게 어린 나이에 머나먼 호주 땅에서 한 번뿐인 인생 중 행복은 저장되지 않는다는 걸 깨달아버린 나였다.

오늘의 행복은 오늘이 지나버리면 다시는 느끼지 못한다. 회상으로 곱씹어볼 뿐이다. 이 순간을 더할 나위 없이 만끽했다면 추억이라는 이름으로, 반대의 경우엔 후회라는 글자로 우리의 가슴 한구석에 새겨질 것이다. 예순 살의 행복은 예순에 느낄 수 있는 행복이고, 스무 살의 행복은 스무 살에 느낄 수 있는 행복이다. 고르고 골라 도토리 6개로 싸이월드 배경음악을 바꿨을 때의 설렘과 쾌감은 풋풋했던 스무 살 그 시절에만 느낄 수 있지 않았던가. 그때의 행복은 그 순간이 지나면 영원히 사라지는 것이다. 그리고 나의 예순은 아직 오지 않았다. 혹시 모른다. 사람 일이란.

물론 오늘을 희생해서 내일 더 큰 행복을 바랄 수 있겠지만, 내일의 행복을 위한다며 오늘의 것을 져버리고 고통을 감내하고만 산다면, 행복은 언제나 막연히 멀리에만 있는 것이 아닐까?

얼마 되지 않은 여행길에서 깨달은 것 중 하나는 할 수 있을 때 마음껏 만끽하고 행복해야 한다는 것이다.

한 번뿐인 인생, 그저 지금을 즐기면 되는 것이다.

프랑스, 스트라스부르
거상

유럽 자전거 일주가 막바지에 다다르고 있는 와중에 내겐 고민이 하나 있었다. 바로 2,800km를 달리는 동안 든든한 내 두 다리가 되어준 자전거 문제였다. 이번 유럽 일주를 위해 한국에서 중고로 구매한 27만 원짜리 자전거를 분해하여 비행기에 싣고 왔는데, 자전거에 대한 수화물 수수료만 30만 원이 훌쩍 넘었다. 배보다 배꼽이 더 큰 격이었다. 이에 귀국길에는 고장 나버린 자전거에 부담스러운 수수료를 내고 싶지 않아 최종목적지인 파리에서 자전거를 처분하고 싶은 마음이 컸다. 이 고민을 스트라스부르의 카우치서핑 호스트인 알렉스에게 털어놓았는데, 그가 프랑스 중고 물품 매매사이트에 판매 글을 올려줌으로써 고민은 해결되었다.

　"띵동, 띵동, 띵동, 띵동"
　"뭐야 뭐야?!"

판매 글을 게시한 지 불과 한 시간 만에 무려 14통의 구매 문의 메시지가 왔다.

"우와~ 50유로만 건져도 대박이겠다!"
"에이 무슨 소리야. 100유로는 족히 받을 수 있을걸?"

나는 내 자전거가 기어변속과 크랭크축이 고장 나버렸기 때문에 50유로에라도 팔 수 있으면 만족한다고 했지만, 프랑스에서는 훨씬 비싸게 팔 수 있을 거라는 알렉스의 말을 따라 120유로로 가격을 책정했다. 치열한 입찰 경쟁(?) 끝에 5일 뒤 파리에서 거래하기로 약속을 잡고 나서 알렉스와 나는 그날 밤 소소한 맥주파티를 벌였다.

다음 날 아침 알렉스와 작별 인사를 한 뒤, 한결 가벼워진 마음으로 오늘의 목적지인 독일 자르브뤼켄을 향해 출발했다. 그런데 5분여를 달렸을까? 허벅지 근육이 채 달궈지기도 전, 시내 한복판에서 일이 터지고야 말았다.

"어어어어? 끼이익-!"

분명 초록색 신호였다. 평상시처럼 자전거도로를 쭉 따라 횡단보도를 건너고 있었는데, 대형 덤프트럭이 신호를 무시한 채 과감히 나를 향해 우회전하는 것이 아닌가! 찰나의 순간 트럭 운전기사와의 눈맞춤이 있었지만, 우리의 충돌을 막을 수는 없었다. 순간 나는 외마디 비명도 지르지 못한 채 길바닥으로 떼굴떼굴 굴러 나가떨어져 버렸다. 시내 한 가운데서 벌어진 급작스러운 사고였다. 길 가던 시민들을 비롯한 주위의 모든 이목이 나에게 집중되었다. 천만다행이었던 것은 덤프트럭이 나를 직접적으로 박은 것이 아니라 자전거 뒷바퀴만을 치고 지나가 내 몸은 전혀 이상이 없어 보였다는 점이다. 하지만 옆에 누워있는 내 애마를 보니 억장이 무너지는 것만 같았다. 그간 내 두 다리 역할을 해준 자전거가 땡강 두 동강이 나버리고 만 것이다!

'어쩐지 운수가 좋더라니…'

덤프트럭에서 내린 운전사는 갓 스물이 될까 말까 한 앳된 친구였는데, 세상 다 살아버린 것만 같은 표정이었다. 내 주위로 사람들이 이리저리 모여들고 이내 구급차와 경찰차가 도착했다. 경찰 동행하에 구급차를 타고 응급실로 갔지만 나는 한사코 검사를 거부했다. 진료라도 보면 돈을 내야 할 것 같아 겁이 났기 때문이다. 이후 진술서를 쓰러 경찰서로 향했다.

'5일만 더 하면 완주인데 자전거가 이 모양이라니…'
'여기서 멈춰야 하나?'

당시 상황을 진술하면서 오만가지 생각이 머릿속을 지배했다. 여러 생각의 기저에는 여기 있는 모두가 내 편은 아니라는 생각이 있었다. 팔은 안으로 굽는다고 어느 누가 홀로 온 외국인 편을 들어주겠는가. 더불어 자전거에 대한 보상을 받아야겠다는 생각이 들어 민중의 지팡이인 경찰에게 강력하게 어필했다. 정말 절박한 상황에서는 초인적인 능력이 발휘되나 보다. 어떻게 하면 경찰에게 내 억울함을 호소할 수 있을까, 불쌍함을 한껏 담아 어필하는 와중에 '내가 이렇게 영어를 잘했었나?' 새삼 감탄을 하게 됐다. 호주에서 쌓았던 생존 영어 실력은 정말 생존에 위협을 느낄 때만 발휘되나 보다.

나의 억울함과 간절함이 조금이라도 전달되었을까? 아니면 보상 절차는 당연한 수순이었을까? 경찰이 트럭회사 담당자와 한참 이야기를 주고받더니, 잠시 후 누군가가 합석했다. 바로 트럭회사의 보험회사 담당자였다. 나, 경찰, 보험회사 담당자 이렇게 세 사람의 삼자대면이 시작됐다. 언어소통의 문제는 있었지만, 논의는 그리 길지 않았다. 트럭회사의 보험처리로 내 자전거를 보상해주는 걸로 결론이 났다. 그것도 새 걸로! 경찰서를 나와 보험회사 직원을 졸졸 따라 차에 올랐다. 처음에 들른 곳은 대형쇼핑몰 모퉁이에 자리한 자전거 코너였다. 이른바 동네 마실 용 자전거들이 일렬로 진열되어 있었다. 어떤 것들은 앞에 바구니도 예쁘장하게 달려 있었다. '이것 봐라? 내가 그냥 당할쏘냐.'

"이봐, 내 자전거는 레이싱 (로드) 바이크였단 말이야. 나 하루에 200km씩 달려야 해. 내 옷을 보라고. 내가 원하는 건 이런 자전거가 아냐. 오케이?"

내 의견을 충분히 전달했다. 뻥튀기도 좀 더하면서 말이다. 그리하여 두 번째로 찾아간 곳은 로드바이크가 즐비한 전문 매장이었다. 가격표가 먼저 보였다. 최소 800유로짜리에서부터 2,400유로까지. 가장 비싼 2,400유로 자전거는 영롱했다. 정말이지 예뻤다. 자전거 안장 위에 내 모습을 그려보았다. 상상만 했을 뿐인데 소름이 쫙 돋았다. 멋있을 것 같아서. 하지만 나도 양심이란 건 있었나 보다. 차마 2,400유로짜리는 고르지 못하겠더라. 그 밑에 있는 1,800유로짜리를 가리켰다. 1,800유로도 어딘가. 자그마치 240만 원이다!

"나 이거 할래."

"미안한데 이 모델은 현재 네 키에 맞는 사이즈가 없어."

매장 점원이 불쑥 튀어나왔다. 굉장히 거슬렸다. 키를 건드리다니.

"아니야. 탈 수 있어!"

나는 고집을 피웠다. 마음속으로 '나는 피해자다. 나에겐 선택할 권리가 있다.' 주문을 외웠다. 매장 점원은 끝까지 고개를 갸우뚱했지만, 결국 나는 1,800유로짜리 자전거를 선택해 끌고 매장 밖을 나왔다. 아침만 해도 120유로짜리 몸값이 매겨졌던 중고 자전거를 타고 다녔지만, 지금 내 수중엔 1,800유로짜리 자전거가 생겼다. 입이 씰룩씰룩 표정 관리가 되지 않았다.

사실 매장에 들어설 때 내 머릿속에 있던 '파리까지 완주'에 대한 꿈은 변질되어버렸다. 삐까뻔쩍한 자전거들과 가격표를 보면서 '새 자전거를 받아서 팔고 가야지.'라는 생각이 먼저 들었기 때문이다. 그래서 자전거 사이즈는 중요치 않았던 것이다. 오히려 커서 좋다고 생각했다. 이 물건을 팔 대상인 유럽인들의 체구는 크니까 말이다!

"알렉스~~~ 나 다시 왔어!"

아침에 작별 인사를 했던 알렉스네 집으로 새 자전거를 가지고 돌아가니 알렉스는 나를 보며 박장대소를 했다. 그리고 그는 다시 판매 글을 올리는 것을 도와주었다.

"나 이미 결정했어. 이건 1,200유로(180만 원)에 팔 거야. 특히 새 상품이라는 걸 강조해줘야 해. 봐봐 바퀴에 털도 뽀송뽀송 그대로 있다고."

쿨하게 2/3 가격을 책정했고, 낮은 가격인 만큼 구매희망자들이 득달같이 달려들었다. 그중 당장이라도 구매할 수 있다는 파리의 한 청년과 약속을 잡았다. 자전거가 아닌 기차를 타고 파리로 건너가 자전거를 팔고 현금 뭉치를 챙겼다.

그 순간 나는 '거상'이 되었다.

후일담

① 파리에서부터 시작된 자전거 유럽 일주는 불의의 사고(?)로 인해 500여km를 남겨둔 채, 스트라스부르를 끝으로 실패하고 말았다.

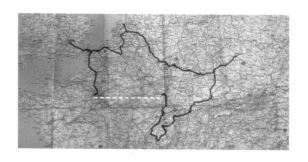

② 40일간의 자전거 유럽여행 동안 70만 원가량 지출했지만(항공권 제외) 보상받은 자전거를 1,200유로(당시 환율 적용, 약 180만 원)에 판매하여, 귀국 후 곧장 은행에서 환전했다.

그리하여 110만 원을 벌게 된 유럽 여행이었다.

튀르키예, 부르사
마법의 주문

"아흐멧, 튀르키예에서 이곳만큼은 가보라고 추천해줄 만한 지역이 있어? 카파도키아나 파묵칼레 같이 유명한 곳 말고 현지인들이 찾는 그런 곳 있잖아."

"자, 튀르키예 하면 뭐야. 케밥이지? 진정한 케밥의 맛을 느끼고 싶다면 아다나 주에 꼭 가봐. 튀르키예 어디서든 맛있는 케밥을 맛볼 수 있다지만, 우리들은 아다나를 진정한 케밥의 땅이라고 부르지. 그리고 동쪽의 아디야만주에 가면 넴루트라는 2,100m 산 정상에 거대한 석상들이 있어. 이스터섬의 모아이 석상과 비슷하지. 우리들은 세계 7대 불가사의에 이어 8대 불가사의라고도 불러. 어디 보자, 또…"

장난기만 가득한 줄 알았던 부르사의 웜 샤워(Warm showers; 전 세계 자전거 여행자들의 비영리 숙소 제공커뮤니티) 호스트 아흐멧은 지도를 펼쳐 보이며 사뭇 열정적으로

설명을 이어 나갔다. 나는 현지인의 입에서 나오는 말들은 진리겠거니 하며 하나하나 빼놓지 않고 메모해나갔다.

"써니, 마지막으로 네가 튀르키예에서 장기 여행을 하다 보면 누군가의 도움이 필요하거나 곤경에 처해질 순간이 올 수도 있을 거야. 그럴 땐 이 문구를 기억해. 그 말을 뱉는 순간 튀르키예 사람들은 분명 네 편이 되어 줄 거야. 명심하라구."

"Adanalıyık Allah'ın adamıyık."

(아다나리아크 알라흔 아다미아크 : "우리는 아다나에서 온

83

튀르키예, 넴루트

사람이고 신의 사람이다." 이슬람을 존중하는 종교적 표현.)

　이날 아흐멧이 알려준 한 마디는 훗날 동남부 지역을 여행하는 내게 엄청난 부적으로 다가왔다. 사실 당시 튀르키예에서 동남부 지역, 특히 시리아와 국경을 접한 도시들은 현지인들도 만류할 정도로 치안이 좋지 않기로 소문난 곳들이었다. 시리아 내전, 쿠르드족 분쟁, 그리고 IS 문제까지 얽혀서인지 거리 곳곳에서 비밀리에 총을 지닌 사람들을 목격하곤 했지만, 시리아와의 국경이 가까워질수록 이 문장의 효과를

톡톡히 봤다.

　"써니, 이쪽 동네에서 무슨 일이 생기면 연락해. 우리가
총 들고 달려갈게!"

　"뭐 필요한 거 없어? 돈은 충분해? 없으면 내가 보태줄
수 있어."

　도움이 필요하면 언제든 연락하라는 가지안테프의 나
믹, 여행자금을 보태주겠다는 샨르우르파의 멘디. 아흐멧이

알려준 문장을 입 밖으로 내뱉을 때마다 나에게는 소중한 친구들이 하나둘 늘어갔고, 그들은 든든한 내 편이 되어주었다. 식당에서는 이 한마디에 서비스 메뉴가 절로 나왔고, 옆 테이블에선 내 음식값을 대신 계산해주었다. 처음 만난 현지인들과의 이야깃거리가 떨어질 때면 필살기를 꺼내 들었다. 현지 사람들은 놀라 자빠지다 못해 환호성을 지르기 일쑤였고, 동영상 촬영을 할 테니 한 번만 더 말해달라고 아우성이었다. 순간 나는 슈퍼스타가 된 듯했다. 더러는 사인을 요청하는 친

튀르키예, 카파도키아

구들도 있었다.

　숙박비 0원이 목표랍시고 말이 좋아 문화 체험이지 현
실은 하루하루 구걸의 연속이었던 튀르키예 여행에서 이 말
한마디는 그야말로 부르마블에서 황금열쇠를 까면 나오는
우대권이었다.

　아흐멧, 그가 알려준 말 한마디가 80일 동안 튀르키예에
서 안전하게 여행할 수 있게끔 나를 지켜준 부적이 되어준 셈
이다.

튀르키예, 페티예
돈이 죽지 사람이 죽냐

우중충한 날씨 탓인지 좀처럼 일어나기가 싫었다. 침대에 누운 채 창가에 비친 바닷가를 바라보니, 저 멀리 먹구름이 잔뜩 몰려오고 있었다.

'아, 오늘도 역시 패러글라이딩하기는 글렀다.'

튀르키예인들의 신혼여행지로 유명한 이곳 튀르키예 남서부의 페티예라는 소도시에 온 이유는 오로지 패러글라이딩을 체험하기 위해서였다. 하늘을 날며 다양한 색채로 수 놓인 욜루데니즈 해변을 내려다보는 것은 튀르키예에서 나의 버킷리스트 중 하나였다. 일정 확인차 여행사에 연락해보니, 오늘은 궂은 날씨로 인해 도저히 불가능할 것 같다며 내일 오전에야 가능할 것 같다는 답변을 받았다. 이로써 오늘 하루가 틀어져 버렸다. 좋게 말하면 그동안에 지친 심신을 재정비

하는 날이 된 것이었다.

　한동안 침대 위에서 뭉그적거리다 어젯밤 샴푸로 빨아 널어두었던 반바지를 챙겨 입고 슬리퍼를 신었다. 바람을 쐴 겸 동네 산책에 나섰다. 세제 향기가 아닌 샴푸 향기가 온몸을 감싸고 돌았다. '음, 역시 빨래에는 샴푸가 최고란 말이지.' 평일 오전의 한적한 구시가지 산책을 하고, 마침 바닥을 보여가는 샴푸와 치약을 구비하기 위해 근처의 슈퍼에 들렀다. 한적한 동네 슈퍼라 그런지 진열대에는 물품들이 가지런하면서도 듬성듬성 진열되어 있었고, 그 위에는 먼지들이 소복이 쌓여 있었다. 튀르키예어를 잘 읽지 못하는 나는 자연스레 숫자로 이루어진 가격표에만 눈이 가게 되었다. 최저 예산으로 여행을 끌어 나가는 데 익숙해진 나는 당연히 가장 싼 샴푸 두 개를 집어 들고 오랜 고뇌에 빠졌다.

　"가만 보자, 4리라면 우리나라 돈으로 얼마지, 4.5리라짜리는…"

　진열대 너머로 저 멀리 거울에 비친 꾀죄죄한 내 모습이 보였다. 허리 숙여 셈에 집중하고 있는 내 모습을 보니 문득 이런 생각이 들었다.

'야, 돈이 죽지 사람이 죽냐?'

한국에 있을 때는 5천 원 남짓 하는 커피도 그렇게 벌컥 벌컥 잘 사서 마시면서, 하늘 건너 바다 건너 이 먼 곳까지 나와서는 고작 50원 100원 아껴보자고 이렇게 아등바등하고 있나. 아무리 쪼들리는 여행경비로 생활한다지만, 여기를 언제 다시 올 줄 알고 이러고 있냐. 에라, 한심한 놈. 나와서 좀 더 쓰고 들어가서 좀 아끼면 될 것을. 어리석기 짝이 없군, 권보선!

결국 그 슈퍼에서 가장 비싼 샴푸와 치약, 그리고 예정에도 없던 칫솔까지 덤으로 집어 들었다. 둘째가라면 서러울 짠돌이 여행자가 용기 내어 지른 귀여운 소비였다.

튀르키예, 얄로바
인연

그곳은 문을 여는 순간부터 친절했다. 결코 좋은 시설도 아닌, 내 몸 하나 편히 뉠 침대 하나 없는, 자전거 동호회의 모임 장소로 쓰이는 흔한 사무실이었다. 눈을 붙일 장소라곤 사무실 구석에 마련된 세월의 흔적이 고스란히 묻어있는 기다란 소파뿐이었다.

　하지만 그들이 내게 베푸는 따뜻함은 실로 하룻밤 그 이상의 가치였다. 좀처럼 보기 힘든 낯선 이방인의 방문 소식에 오늘 하루 내 보금자리가 될 허름한 사무실은 어느새 동네 사람들, 동호회원들로 북적였다. 그들은 나의 여행 이야기를 귀담아들어 주었고, 여행길에 필요한 건 없는지 진심 어린 안부를 물었다. 지역 저널리스트로 활동하는 케말은 나의 여행 이야기를 지역 잡지에 싣고 싶다며 인터뷰를 요청하였고, 너스레 좋은 다니스는 자기 고향인 보드룸에 온다면 언제든지 환영이라며 적극적인 러브콜을 보냈다. 심지어 얄로바 자전거 동호회 저지를 선물로 받기도 했다. 실은 자전거 저지가 한 벌 뿐이어서 매일 저녁 손빨래하고 다음 날 채 마르지 않은 저지를 다시 입곤 했는데, 내게는 정말 어느 것보다도 값진 선물이었다.

그들 하나하나가 앞으로의 나의 행로에 진심 어린 관심과 조언을 아끼지 않았다. 정말로 과분한 사랑과 관심을 받고 있었다. 이날 밤만은 결코 혼자가 아니라는 느낌이 물씬 들었다. 관광객이라곤 찾아볼 수 없는 동네였지만, 나는 왠지 이곳에서 하루를 더 머물고 싶었다.

"저기… 민폐가 안된다면 나 여기서 하루 더 묵어도 될까?"

"우와! 정말 고마워! 써니가 하루 더 머문대!"

해 질 무렵 마르마라 해안가 주변을 산책하면서 이곳에서 하루 더 지낼 수 있는지 조심스레 물었다. 내심 "응, 괜찮아." 아니면 조금 더 후하게 생각해서 "물론이지."라는 나름 긍정적인 답변이 돌아오기를 기대하고 있었는데 웬걸? 돌아오는 대답이 "고마워"라니?! 말 한마디가 뭐 이리 매력적이야! 그녀의 이름은 Cansu metan, 잔수라고 불렀다.

그렇게 그녀와의 인연은 시작되었다.

다음 날 아침이 밝자마자 잔수는 사무실로 찾아왔다. 내가 얄로바에서 하루를 더 머무는 동안 개인의 시간을 할애하여 나의 일일 가이드가 되어주기로 한 것이다.

"쯧, 넣어둬. 튀르키예에서는 손님이 왕이란 말이야."

"아니 그래도 나 버스비 정도는 낼 수 있단 말이야."

튀르키예의 전형적인 아침 식사인 카흐발트를 시작으로 튀르키예의 국부 아타튀르크의 저택, 테르말 온천단지 나들이, 그리고 자전거 동호회원들과의 저녁 식사까지. 그녀는 이보다 더 완벽할 수 없는 일정으로 가이드를 해준 건 물론이고 하루 종일 나의 지갑을 열지 못하게 했다. 내가 카운터에 지폐를 던지고 도망쳐 봐도 현지인과는 말이 도통 통하질 않아 그 돈은 다시 그녀의 손에 의해 내게로 돌아왔다. 생각해보니 어제 이곳에 오고부터 오늘까지 단 한 푼도 지출하지 않았다. 넉넉하지 않은 내 주머니를 들여다보니 고맙기도 했지만, 한편으론 괜히 하루를 더 머문다고 했나 싶을 정도로 잔수에게 너무나 미안했다. 전혀 기대하지 않았던 작은 도시에서 느낀 온정 가득한 이틀이었다.

#재회1

두 달 하고도 반이 흘렀다. 그간 나는 튀르키예 전역을 한 바퀴 돌고 종착지인 이스탄불에 입성하기 위해 얄로바에 다시 도착했다. 페리 선착장, 도심의 사거리와 건물 하나하나가 아직 내 기억 속에 그대로 남아있었다.

"잔수! 나 얄로바에 도착했어!"

전화를 하자마자 잔수가 곧장 달려왔다. 얼마만의 재회인가! 평소 한국을 좋아했던 잔수는 그동안 여러 한국 친구를 만났나보다. 한국말이 몰라보게 늘었을 뿐만 아니라 동호회 사무실의 한쪽 자리에는 한국 친구들의 이름이 적혀있었다. 뒤늦게 안 사실인데, 잔수에게 나는 처음으로 접한 한국인이었다고 한다. 나도 그동안 갈고 닦은 튀르키예어를 뽐내 보였다.

"시바스에 갔더니 다들 '눠룅, 라~'라고 하더라고. 이거 사투리 맞지? 맞지?!"
"잔수야, 나 튀르키예어 많이 늘었지?! 헤헤"

튀르키예, 이스탄불

　여행 초반에는 "메르하바(안녕)"밖에 할 줄 모르던 나였
는데, 이제는 현지인과 튀르키예어로 어느 정도 대화를 나눌
수 있고, 사투리까지 구별한다는 게 신기할 따름이었다.

　얄로바, 그리고 마지막 날 이스탄불에서의 프리허그 행
사까지 그녀는 나의 튀르키예에서의 여행을 마지막까지 책
임져주었다.

#재회2

귀국 후 나는 여느 대한민국 청년들과 마찬가지로 취업 전쟁
터에 뛰어들었다. 마침 잔수는 씨엔블루의 열렬한 팬이었던
친동생 눌세다와 함께 한국에 놀러 왔지만, 참혹한 취업전선
에서 승전보를 울리지 못한 나머지 그녀 일행을 제대로 챙겨
주지 못했다. 고작 밥 한 끼 같이 한 게 전부였다. 배은망덕한
녀석.

#재회3

잔수는 결혼 소식을 전했다. 한국으로 신혼여행을 온다는 소
식과 함께. 이번에는 저번에 해주지 못한 몫까지 제대로 갚아
주리라.

　"잔수! 한국에서 뭐 해보고 싶어?"

　"음… 먼저 한복 입어보고 싶어요. 그리고 한강에서 치맥
도 하고 친구들과 사진도 찍고 싶어요! 또 야구 경기도 보고
싶어요. 머무는 기간이 짧은데… 무리겠죠?"

　"한복, 한강 치맥이랑 단체 사진, 야구. 오케이 문제없
어!"

먼저 잔수가 튀르키예에서 접했던 한국 친구들에게 연락해 그녀의 결혼을 축하해주자며 한강공원으로 모여 달라고 요청했다. 그리고 잔수네 부부가 한국에 도착하는 날에 맞춰 연차를 내고 한걸음에 서울로 올라갔다. 재회의 반가움, 축하의 포옹을 나눈 우리는 북촌으로 향했다. 한복을 대여해 입고 경복궁 일대를 돌아다니기로 했는데, 신혼여행이니만큼 왕과 왕비 복장으로 꾸며주었다. 경복궁과 북촌 일대를 거니는 내내 주변 반응은 정말로 뜨거웠다. 좀 과장해서 모든 이의 시선은 잔수네 부부에게로 향했고, 몇몇 외국인 관광객들은 같이 사진 한 번 찍자며 우리에게 다가왔다. 카메라를 들고 옆을 지키는 나는 마치 호위무사가 된 것 같았다.

오후엔 잔수의 로망 중 하나였던 '한강에서의 치맥'을 위해 한강공원으로 향했다. 그곳엔 잔수의 친구들이 나와 있었고, 우리는 그녀의 들러리를 서며 결혼을 진심으로 축하해주었다.

내가 튀르키예에서 잔수에게 받은 은혜에 비하면 발톱의 때만큼도 돌려주지 못했지만, 튀르키예에서 받은 과분한 사랑에 보답하려 노력했다. 하지만 아직도 갚을 빚이 많이 남아있는 느낌이었다.

#재회4

그로부터 3년 뒤, 여행이란 녀석에 빠져 언제까지나 홀로 지낼 것만 같았던 나도 드디어 짝을 만나 결혼에 골인했다. 결혼식 날 가장 서프라이즈한 하객은 다름 아닌 튀르키예에서 날아온 잔수였다. 단지 결혼 소식만 전했을 뿐인데 결혼식 날짜에 맞춰 10시간 비행기를 타고 날아와 준 것이다. 이역만리 튀르키예 땅에서 한걸음에 달려와 준 그녀를 보니 뭐라 고마움을 표현해야 할지 적당한 말이 떠오르질 않았다. 그냥 고맙다는 말 밖에는 나오지 않았다. 인천공항에 도착해서도 먼 지방까지 내려오느라 시간이 늦어져 본식은 함께하지 못했지만, 가까스로 피로연에서 함께 식사를 할 수 있었다. 결혼식을 보질 못했다며 우리보다 더 아쉬워하고 속상해했던 잔수였다.

길 위에서 보낸 수많은 날만큼 그 길 위에서 수많은 이들과 만나고 헤어짐을 반복했지만, 한낱 스쳐 지나는 인연으로만 머물지 않고 평생 친구가 될 수 있다는 것을 깨달았다. 언젠가 지구별 어디에선가 잔수네 부부와 재회할 것임을 믿어 의심치 않는다.

튀르키예, 앙카라

날씨 요괴

어릴 적부터 비를 좋아하지 않았다. 비가 내리기 전 습하고 눅눅한 기운이 싫었고, 신발에 빗물이 스며들 때의 찝찝한 기분, 발바닥과 젖은 양말 간의 마찰력으로 나는 찔꺽거리는 소리, 그리고 그 뒤에 찾아오는 꿉꿉한 냄새까지. 비가 오려는 날의 내 마음은 바깥의 우중충한 날씨보다 먼저 어두워졌다.

이렇다 보니 자연스레 여행에 있어서도 비를 경계하게 되었다. 여행지를 고를 때부터 비가 많이 오는 곳은 후보지에서 배제하고 일부러 우기 시즌을 피해 항공권을 끊기도 하였다. 그뿐만 아니라 떠나기 일주일 전부터 마음을 졸이며 일기예보를 지켜보는 것이 습관이었다. 여행엔 정말 진심인 만큼 여행지의 날씨가 나의 기분과 여행의 만족도에 미치는 영향은 매우 크다고 볼 수 있다.

　　기억에 남을 만큼 비에 예
민했던 적을 생각해보면, 자전
거를 가지고 튀르키예로 떠났을
때가 떠오른다. 80일 동안 자전
거를 타며 튀르키예 전역 일주
를 계획한 여행이었는데, 그야말
로 주구장창 비만 내렸다. 장마
철도 아니었을뿐더러 튀르키예
는 우기와 건기가 분명하게 나
누어지는 동남아 기후가 아닌데
도 정말 하루가 멀다 하고 비가
내렸다. 마치 비구름이 가는 곳
만 골라 여행하는 듯했다. 평생
맞을 비를 그때 다 맞은 느낌이
었다.

보통의 여행이라면 궂은 날씨여도 기차 안에서나 여유로운 카페에 앉아 창밖에 내리는 빗줄기를 감상하면서 '낭만'이라는 단어를 꺼내보며 어찌어찌 포장해볼 수 있겠지만, 자전거를 유일한 이동 수단으로 선택한 여행의 현실에선 실로 시궁창이 따로 없었다.

　눈을 떴을 때 창밖의 주룩주룩 내리는 빗줄기를 보면 한숨과 함께 하루를 시작했다. 그리곤 오늘 하루 신발과 배낭은 아껴야 할 '내 것'이 아니라고 자기 최면을 걸었다. 비로 온몸이 젖었을 땐 페달을 더 힘주어 밟았다. 쉬었다 간 행여 감기에 들까 봐 더 땀을 내려했다. 도시에서야 식당이나 카페, 하다못해 비를 피할 수 있는 주유소라도 잠깐 들어가 있으면 될 일이지만, 교외의 한적한 지방도로에서는 달랐다. 마땅히 비를 피할 곳이 없었기 때문에 떨어지는 빗방울을 고스란히 내 몸으로 스며들게 하는 수밖에 없었다. 소나기는 워낙 순식간에 찾아오는 녀석이기 때문에 예측도, 대비도 할 수 없었다. 그냥 재난 영화 속 한 장면을 촬영한다 생각하고 미치광이가 되어 달렸다. 그러다 한번 브레이크를 잘못 잡아 보기 좋게 넘어진 뒤로는 '미치광이도 아무나 하는 게 아니구나.'라는 걸 느껴 조심하기 시작했다. 비가 내린 다음 날, 후각이 예민한 나로서는 괴로워 견디기 힘들 지경이었다. 눅눅한 날씨로 인해 아직 채 마르지 않은 어젯밤의 옷을 입어야 했기 때문이다. 제대로 마르지 않은 빨랫감에서 나는 쉰 냄새는 오직 나만이 감내해야 할 고통이었다.

흔히 날씨 운이 좋은 사람을 '날씨 요정'이라고들 한다. 그 반대말이 있다면 날씨 요괴, 날씨 요괴가 존재한다면 혹시나 내가 아닐까?

이집트, 바하리야사막

이집트, 바하리야 사막
별 헤는 밤

카이로에서 5시간. 사막에서의 하룻밤을 보내기 위해 에어 컨조차 나오지 않는 버스를 타고 황무지 사막지대 한 가운데 있는 어느 작은 마을에 도착했다. 사하라 사막 끄트머리에 있는 바하리야 지구였다. 이곳에 베이스캠프를 차린 창욱이와 나는 베두인 가이드를 따라 지프 차량으로 갈아타고 1박 2일간 본격적인 바하리야 사막 탐험에 나섰다.

우리를 태운 지프는 거침없이 오프로드를 질주했다. 모든 곳이 윈도우 바탕화면과 같은 황금빛 모래사막은 아니었다. 흑임자 가루를 뿌려놓은 듯한 흑사막과 유리 파편을 널브러뜨려 놓은 것 같은 크리스탈 사막을 거쳐 오늘 우리가 하룻밤을 보낼 백사막에 도착했다.

사방을 둘러봐도 끝이 없는 모래 언덕, 이 황량한 사막에서 생리 현상을 해결하는 일은 몹시 곤란하면서도 부끄러웠다. 신호가 오면 뒤를 흠칫 흘겨보며 사람들을 피해 어디론가 슬금슬금 걸어가는데, 마치 코를 킁킁대며 똥 눌 자리를 찾아 헤매는 강아지가 된 것 같았다. 그러다 적당한 모래 언덕을 방패 삼아 쪼그려 앉아 일을 치렀다. 행여나 괄약근 조절 실패로 소음이라도 흘러나올까 애꿎은 기침 소리로 에티켓 벨을 대신했다.

그리도 뜨거웠던 태양이 지평선 너머로 조금씩 모습을 감추고, 모든 걸 태워버릴 것만 같았던 사막의 모래알은 서서히 시원해져갔다. 발가락으로 모래를 파며 남은 열기를 느꼈다. 발가락 사이로 빠져나가는 모래 촉감이 부드러웠다.

어둠이 짙게 깔리자 베두인 가이드가 모닥불을 피웠다. 무심코 고개를 들어 본 밤하늘에는 별이 하나둘씩 고개를 내밀더니, 이내 촘촘하게 하늘을 온 가득 메웠다. 어느 나라에서도 이렇게 많은 별을 본 적이 없었다. 누군가 하늘에서 양동이로 별을 퍼붓고 있는 듯이 밤하늘엔 별이 반짝이다 못해 당장이라도 쏟아질 듯했다. 눈에 보이는 걸 카메라 렌즈 안으로 주워 담으려 오두방정을 떨어보았지만, 카메라 틈새 곳곳에 모래알이 침투해서인지 눈에 보이는 것만큼 찬란하게 담기지 않았다. 아쉬운 마음을 뒤로한 채 눈으로라도 별을 삼켜 내었다.

"봤어?!"
"어 봤어!"

순간 새까만 밤하늘 속 반짝이는 별들 사이를 가르는 선명한 빛줄기를 보았다. 창욱이와 나는 연신 환호성을 질렀다. 난생처음으로 별똥별을 본 순간이었다. 감격할 틈도 없이 다른 별 하나가 나에게 윙크하듯 반짝이며 떨어졌다. 이 밤을 영원히 잊지 못하리라는 걸 직감적으로 알았다. 어느 순간부터는 별똥별을 보고도 소원을 빌 수 없었다. 10분 간격으로 별이 떨어져서 소원이 다 떨어져 버렸기 때문이다.

새벽 4시, 쏟아지는 밤하늘의 별을 보며 잠을 청했지만, 쉽사리 잠이 오지 않았다. 눈을 감아도 눈앞에 별이 펼쳐지는 것 같았다. 숨소리조차 죽어버린 적막함만이 가득 찬 가운데, 어디선가 이상한 소리가 들려왔다.

"바스락"

흠칫 놀라 라이트를 비춰보니 음식 냄새를 맡고 찾아온 듯한, 금방이라도 도망갈 태세를 취하고 있는 사막여우가 서 있는 게 아닌가! 소설 어린 왕자의 배경이 된 이곳 바하리야 사막에서, 그것도 어린 왕자 이야기의 등장인물인 사막여우가 나에게 찾아오다니! 적절한 온도의 모래알 침대 위에 무수한 별들로 수 놓인 별 이불을 덮고, 깜짝 손님으로 등장한 사막여우까지, 이 모든 게 삼위일체가 되어 정말이지 군더더기 없이 완벽했다. 그렇게 밤을 지새웠다. 나의 첫 번째 사막에서의 밤은 오기 전 상상했던 것 그 이상으로 훨씬 황홀했다.

이집트를 떠올리게 될 때마다 피라미드나 스핑크스, 새파란 홍해 바다보다도 언제나 바하리야 사막에서의 하룻밤이 가장 먼저 떠오른다. 그 어느 곳보다도 반짝였던 그날 바하리야 사막은, 아직도 그립다.

캐나다, 트루로

Why not?

진로를 일찌감치 다른 길로 선회한 사범대생에게 교생실습은 불필요한 의무로 여겨졌지만, 졸업장을 손에 쥐기 위해선 두어 달 동안의 실습은 피할 수 없는 숙명이었다. 그러다 미루고 미룬 4학년의 끝자락에 운 좋게도 학교에서 실시한 해외 교육실습 프로그램에 선발되어 캐나다로 교육실습을 떠날 수 있게 되었다. 졸업에 한 발짝 더 가까이 갈 수 있게 되었고, 교육실습을 빙자한 두 달간의 여행 기회가 주어진 것이다. 그곳도 공짜로 말이다! 속으로 쾌재를 외치며 캐나다로 향했다.

배정받은 지역은 캐나다 북동부 끄트머리에 위치한 아주 작은 소도시였다. 거대한 땅덩어리에 희박한 인구밀도, 그리고 '촌 동네'라 해도 과언이 아닌 이곳에선 학교 말곤 차 없이 어딜 나간다는 게 불가능했다. 게다가 눈이 굉장히 많이 내리는 지역이라 폭설은 전혀 진귀한 풍경이 아니었고, 그저 하늘에서 내린 쓰레기 더미 같은 존재였다. 사방이 눈으로 덮인 덕에 방과 후 활동으론 스키라는, 한국에선 흔치 않은 스포츠를 매일 즐길 수 있었고, 걸을 수 없을 정도의 폭설이 내릴 땐 등교 자체를 할 수 없었다. 스톰데이로 휴교령이 내려질 때면 홈스테이 집에서, 부르면 도도하게 다가오는 개냥이 '피제이', 영어로 말하면 척척 알아듣고 화장실 가고 싶을 때면 항상 나를 찾는 까만 리트리버 '머래이'와 함께 했다.

미국, 나이아가라 폭포

한 달이 넘어가니 몸이 근질근질하지 않을 수 없었다. 좋은 기회로 머나먼 아메리카 대륙을 밟았지만, 날씨와 학교로 인해 집에만 콕 박혀 있어야 한다는 게 조금은 애통했다. 미국, 그것도 뉴욕과 나이아가라 폭포가 코앞이었다. 자유의 여신상이 구경 좀 하고 가라며 나를 부르는 듯했다. 하지만 꽤 높은 경쟁률을 뚫고 프로그램에 선발되어 온 터라 완벽함과 착실함을 보여줘야만 할 것 같았고, 수료에 대한 불확실성이 존재했다. 그래도 말은 꺼내볼 수 있겠다 싶어 몇 날 며칠 멘트를 갈고 닦았다.

금요일 오후 크게 한 번 심호흡하고 교감 선생님 방문을 노크했다.

"저기… 저 며칠 동안 미국 좀 다녀와도 될까요…? 수업에는 지장 없게끔 할게요. 여기서 한국은 굉장히 먼데, 그 머나먼 한국에서 캐나다까지 온 게 정말 흔치 않은 경우이고, 또 다음 주엔 공휴일이 하루 있기도 해서 말이에요. 이 기회에 며칠 동안 미국으로 여행을 하고 싶…"

"Why not? 넌 어른이잖아!"

그렇다. 교감의 허락을 받아내고자 내 입장을 구구절절 늘어뜨려 놓았지만, 돌아온 그녀의 쿨한 한 마디에 난 선택의 권리와 책임의 의무를 지닌 어른임을 깨달았다.

미국, 뉴욕

미국, 그랜드캐니언

벨리즈, 키코커
지상낙원

긴장감을 잔뜩 안은 채 벨리즈 국경에 도착했다. 칸쿤에서 야
간버스를 탄 지 12시간 만이었다. 무비자국으로 지정된 지 한
달여밖에 되지 않았고, 우리나라에서는 찾는 이조차 드물어
인터넷엔 제대로 된 정보가 없었다. 행여나 입국이 거절되지
는 않을까 노심초사했지만, 입국심사관은 사무실 벽에 걸린
종이 서류를 한번 쓱 보더니 별말 없이 입국 도장을 찍어주
었다. 국경을 넘은 버스는 수도인 벨리즈시티에서 멈췄고, 서
서히 동이 트고 있었다. 철야 근무를 하고 난 듯 개운함은 전
혀 없는 피곤함이 밀려왔지만, 지체할 시간이 없었다. 서둘러
수중 택시로 갈아타고 1시간여를 내달려 드디어 캐리비안의
평화로운 작은 섬마을 키코커에 도착했다.

이곳에 오기 전, 벨리즈에 간다고 하면 다들 거기가 어
디냐며 고개를 갸우뚱했다. 그도 그럴만한 것이 독립한 지

30년밖에 되지 않은 신생 국가이기 때문이다. 더군다나 지금
은 잘 알려지지 않은 이 나라에서 1시간 떨어진 외딴섬에 들
어왔다. '쉼'을 목적으로 들어온 키코커 섬은 내가 상상한 그
이상이었다.

127

공항과 숲을 제외하곤 사람이 활동할 수 있는 반경은 1~2km가 고작인 섬. 마을을 샅샅이 구경해도 30분이면 족한 작은 섬이다 보니 사방을 둘러봐도 자동차를 볼 수 없다. 자동차가 없는 이곳의 교통수단은 대부분 자전거인데, 특이하게도 이 섬의 모든 자전거는 자물쇠가 채워져 있지 않았다. 도망가 봐야 섬 안일 뿐이니, 뛰어봤자 부처님 손바닥 안일지어다. 자동차가 없으니 이 섬에서 들리는 소리라고는 여기저기서 들려오는 경쾌한 리듬의 레게음악과 멈추지 않는 파도 소리뿐이라 해도 과언이 아니다. 'Go slow'를 표방하여 섬 주민들은 여유롭기 그지없고, 어딜 가나 럼 펀치를 권한다.

이곳에서는 눈 뜨면 바닷가로 나가 캐리비안의 에메랄드빛 해변을 걷는 게 일과의 시작이었다. 배가 고파오면 문연 식당을 찾아 햄버거를 베어 물었다. 물론 벨리즈 맥주와 함께. 느지막한 아침을 먹은 후에는 장비를 챙겨 거북이, 상어, 가오리가 득실거리는 바다로 뛰어들었다. '물 반 고기 반'이라는 표현이 적절하겠다. 뜨거운 태양이 내리쬐는 낮에는 그늘진 해먹에 누워 살랑거리는 바람을 맞으며 배를 두들겼고, 해가 뉘엿뉘엿 질 때쯤이면 맥주 한 병과 과자 한 봉지를 집어 들고 바닷가로 향했다. 그곳엔 이미 수많은 별이 자리하고 나를 반기고 있었다. 하루 동안 오롯이 내 눈에 담긴 일련의 풍경은 나에게 '여행'이라는 행위가 옳음을 증명하기에 충분했다.

현대사회에 지상낙원이 존재한다면, 바로 여기가 아닐까?

벨리즈, 키코커

카드 도용

키코커 섬에 들어와 놀고 먹고 자고 한량처럼 빈둥거린 지 어언 나흘째. 칸쿤에서 미리 뽑아놓은 돈이 바닥이 보이기 시작했다. 추가적인 자금을 인출하기 위해 주변 ATM 기기를 찾아 나섰다.

체크카드를 넣은 후 인출할 금액을 눌렀다. 비밀번호를 누르라는 메시지가 떴다. 누가 볼까 자판을 한 손으로 가린 채 비밀번호를 누르고 'OK' 버튼까지 꾹욱.

"잔액 부족"

엥?? 다른 체크카드를 넣었는지 확인했으나, 돈이 있어야 하는 체크카드가 맞았고, 인출 금액 단위에 '0' 하나를 더 붙였는지 확인했으나, 이상은 없었다. 내 머릿속 계산으로 통장 잔액은 분명 70만 원이 넘게 있어야 했다. 그런데 고작 10

만 원 인출하려는데 잔액 부족이라니? 내 계산이 틀렸는지, 이놈의 ATM 기기가 문제인지 곧장 카드 사용내역을 확인해야 했다. 스마트폰을 켰다. 하지만 혼란스런 나머지 나는 와이파이 거지임을 망각했다. 로밍 없이 와이파이에 의지하고 다니는 가난한 배낭여행자였기에 길거리에선 인터넷을 이용할 수 없었다. 곧장 숙소로 내달려 와이파이를 잡아 은행 앱을 켜보았다. 통장 잔액이 떴다. 이런… ATM의 '잔액 부족' 메시지는 오류가 아니었다. 풍족해야 할 내 통장에는 고작 88,000원이 전부였다. 초라한 잔액 아래에 사용 내역은 다음과 같았다.

"2/26 08:50:22 해외현금인출 303,709원,
CHEDRAUI Z HOTELERA, CANCUN, MEX"
"2/26 08:51:00 해외현금인출 228.363원,
CHEDRAUI Z HOTELERA, CANCUN, MEX"
"2/26 08:51:38 해외현금인출 77,770원,
CHEDRAUI Z HOTELERA, CANCUN, MEX"

나는 지난 23일에 칸쿤에서 벨리즈 키코커 섬으로 넘어왔는데, 오늘 아침 칸쿤에서 내 카드로 현금 인출이 됐다고?

내 카드는 나와 함께 여기 키코커에 있는데? 이게 말이 되는 거야? 천 원 한 장 잃어버리는 것도 예민한 가난한 여행자에게 만원도 아니고 60만 원이 넘는 돈이 누군가로부터 인출된, 난생처음 겪어보는 상황에 어안이 벙벙해졌다.

불현듯 칸쿤에서 급하게 돈을 인출했던 기억이 뇌리를 스쳤다. 패러세일링을 하기 위해 해변가 호텔 앞 ATM을 이용한 게 화근이었다. 여행하면서 카드 복제 사고를 얼핏 들었기에 ATM의 상태와 카드 투입구도 주의 깊게 살펴본다고 살폈는데, 말로만 듣던 '카드 복제 사기'를 당해버린 것이다.

허탈함과 어이없음, 슬픔 등 가지각색의 감정들이 뒤죽박죽 섞여 속이 와글거렸다. 한동안 멍하니 은행 앱 속 인출 내역만을 바라보았다.

'정확히 38초 단위로 인출했단 말이야. 이 x끼는 고수야 고수.' 그 x끼가 어떤 x끼인지는 알고 싶지 않았다. 알 방법도 없었다. 단지 그놈이 잘못되라고 저주를 퍼부었다. 여행 막바지였기에 망정이지, 여행 초반이었다면… 생각만 해도 끔찍했다. 바깥 날씨는 지난 3일보다 더 화창했다. 파아란 하늘에는 나를 놀리기라도 하는 듯 흰색 털북숭이 구름이 나풀나풀 춤을 추고 있었다.

순간 이 섬을 빠져나가기로 결심했다.

아, 남은 잔액 88,000원도 그 녀석이 쏙 빼갈까 서둘러 모조리 인출했다.

후일담

귀국 후 나는 해당 은행에 카드 복제, 도용을 신고했고, 6개월이 지난 뒤에야 피해 금액 전부를 보상받을 수 있었다.

나 홀로

홀로 떠나는 여행이 잦았다. 이유를 묻는다면 외로움을 극히 안타는 성격 덕분이랄까. 적어도 혼자 보내는 시간이 괴롭게 느껴지거나 불편하지 않았다.

돌이켜보면 홀로 떠난 여행에선 누구 눈치 볼 필요 없이 모든 것을 내 마음 가는 대로 할 수 있어서 좋았다. 길을 거닐다 먹고 싶은 것이 보이면 마음대로 먹고, 쉬고 싶을 땐 누구 눈치 보지 않고 전날 세운 계획은 사뿐히 무시하면 그만이었다. 아침에 눈을 떠서 밤에 잠이 들 때까지 모든 시간이 오로지 나를 위한 것이었다. 설령 고스란히 내 선택과 결정에 의해 보낸 하루의 결과가 좋지 않아도 내 선택이었으니 후회하지 않았고 불평하지도, 투덜거리지도 않았다.

대부분의 시간이 혼자였던 덕분에 현지인들과도 손쉽게 가까워질 수 있었다. 혼자가 된 여행에서 누군가의 손길과 초대를 마다할 이유는 없었다. 덕분에 홀로 내 발자국을 남긴 나라에선 안부를 물어볼 친구가 적어도 한 명씩은 생겼다.

물론 견뎌야 할 순간들도 분명 존재했다. 원하는 투어 신청 시 최소 인원이 차지 않아 취소될 때도 있었고, 파트너를 필요로 하는 액티비티에선 짝이 없다는 소외감을 감내해야 했다. 여기 왔으면 이건 꼭 먹어봐야 한다는 소문으로 방문한 음식점에서도 먹어보고픈 메뉴의 양과 금액이 감당할 수준이 아니었을 땐 섣불리 주문할 수 있는 용기가 나지 않아 눈물을 머금고 포기한 적도 있었다.

홀로 펼쳐가는 여행길은 모두가 고개를 끄덕일만한 분명한 장단을 가지고 있지만, 혼자 여행하며 얻은 가장 큰 수확은 뭐니 뭐니 해도 내가 무엇을 좋아하는지, 내가 어떤 걸 할 때 가장 행복해하고 어떤 순간을 불편해하는지, 잘하는 것과 못 하는 것은 무엇인지, 나에 대해 잘 알게 되었다는 점이다.

대학 시절 가만히 있질 못하고 수시로 새로운 자극을 찾아 헤맨 결과, 벌려놓은 모임이 한두 개가 아니었고, 인간관계의 폭도 비교적 넓었다. 결과론적으로 내 체질은 아니었다고 느꼈지만, 리더가 되어 무리를 이끌었던 적도 여러 번 있었다. 이런 연유로 인·적성검사나 성격유형검사를 할 때면 나는 줄곧 '외향적인 사람'에 체크하곤 했다. 가만 생각해보면 그저 희망 사항에 펜이 따라갔던 것 같다. 내가 나를 제대로 몰랐기에 다른 이로부터 '너는 알다가도 모르겠어.'라는 소리를 들었는지도 모른다.

여태껏 MBTI 유형으로 치면 'E'였던 줄로만 알았던 나는 사실 북적이는 곳에선 에너지가 소모되고 혼자 있을 때 충전되는 지극히 'I' 유형의 사람이었다. 호스트와의 술자리가 밤 늦도록 이어지면 '언제, 어떻게 끝낼까?' 타이밍을 재는 데에 기력을 소비하고, 며칠 동안 말 한마디 않고도 아무렇지 않은, 오랜 침묵이 익숙한 사람이었다.

온전한 나의 시간을 누구보다 방해받기 싫어하는 개인주의자지만, 처음 보는 아저씨와 차 한잔하며 수다를 떨 줄 알고, 여행길 위에서 만난 할머니와 밥 한 끼를 함께 하며 마음을 나눌 줄 아는 이중적인 사람이었다. 오늘 당장 머물 숙소가 없어 길 가는 사람들을 붙잡고선 하루만 재워달라며 뻔뻔히 요청했던 나는, 사막에서도 살아갈 수 있을 것만 같은 강인한 생존력이 내 몸 어딘가에 존재하고 있음을 느꼈다. 뒤늦게 바가지 썼다는 걸 알았지만 주말이라 할증된 금액으로 구매했다 생각하고 넘기는 나는, 기적의 계산법을 발동해 어떻게든 합리화시켜버리고야 마는 초 긍정적인 사람이었다.

틀림보다는 다름에 초점을, 주류보다는 비주류에 호감을, 무구한 역사와 예술을 간직한 박물관보다는 사람 구경 실컷 할 수 있는 동네 시장을, 근사한 일류 레스토랑보다는 낡디낡은 노포에서의 한 끼를 무척이나 행복하게 느낀다.

예전에는 좋아하는 이상형이나 음식을 물어본다면 배시시 웃고야 말았지만, 이젠 예시를 들어가며 순위를 매길 정도로 자세히 설명할 수 있다. 혼자였던 시간을 지나 적당한 호불호의 기준이 생기고 스스로를 잘 알게 된 후의 나는 내 것, 내 사람이 아닌 것에 애써 에너지를 소모하지 않으며, 마음의 실수와 무리도 그 전에 비해 훨씬 적다.

여행의 유무를 떠나 서른 넘게 한 경험이 포개지며 깨달은 '나'라는 사람에 대한 매뉴얼일 수도 있다. 다만, 여행하면서 순간순간 얻은 감정과 성찰, 그리고 낯선 환경 속에서 혼자 모든 걸 선택하고 해결해가는 과정을 통해 내가 원하는 삶에 대한 기준이나 불명확한 것들을 더 명확히 알아가는 시간을 가진 것은 분명하다. 현실에 돌아와 내가 해야 할 것에 대한 확신을 가지게 되었다. 나 '권보선'이라는 사람에 대해 점점 퍼즐을 맞춰가는 느낌이랄까. 누구와 함께 떠나는 여행과는 결이 다른 여행의 매력을 맛볼 수 있는 나 홀로 여행. 미처 알지 못했던 또 다른 나를 만날 기회의 장이다.

쿠바, 트리니다드

필리핀, 보라카이

자전거 여행 예찬론

여행을 논함에 있어서 내게 자전거라는 물건은 여행의 절반을 함께한 동반자이자 훌륭한 이야깃거리다. 프랑스에서 길을 잘못 들어 고속도로를 달리다 경찰에 잡힌 해프닝에서부터 자전거를 타고 여행한다는 무기(?) 하나로 땡전 한 푼 안 들이고 40일 동안 현지인들의 집에 초대되어 유럽 전역을 누빈 이야기까지, 자전거 여행에서 생긴 에피소드를 말하라면 뻥 좀 보태서 2박 3일을 줄줄 이야기해도 모자랄 것이다.

나의 첫 자전거 여행은 스물셋에 떠난 나 홀로 국토 종주였다. 군 제대 후 대학 생활의 로망을 실현하길 꿈꾸며 복학했지만, 끊임없는 레포트 세례에서부터 반복되는 인간관계까지 입대 전과 달라진 게 딱히 없었다. 큰 고민 없이 한 학기만을 다닌 채 휴학을 결심했다. 뭐라도 하고 싶은 마음에 집에 있던 7만 원짜리 중고 자전거를 꺼내어 들고 6일간 밤

새 880km를 내달렸다. 지금 돌이켜보면 미친 짓이었음이 분명했다. 8월 한여름에 동해안을 따라 험난한 고개들이 즐비한 7번 국도를 하루에 202km를 달렸으니 말이다. 집 나온 지 6일째 되던 날, 목포에서 강원도 고성 통일전망대까지 종주에 성공했다. 입에서 단내가 날 정도로 힘들었지만, 전망대에 도착해서 맛본 그 성취감은 이루 말할 수 없었다. 아마 내 인생에서 손수 이루어낸 첫 결실이지 않을까 싶다. 그때부터 자전거는 나의 자존감을 높였고 항상 내 옆을 지켰다.

그 뒤 대학 생활 중 대외활동에 열심히 참여한 결과, 운 좋게도 한 기업의 후원으로 대만으로 자전거 일주를 떠나게 되었다. 10일간 1,100km, 대만을 한 바퀴 일주하는 데 성공했다. 자전거와 함께한 첫 해외여행이었다. 짧은 시간과 거리에 성이 차지 않았다. 나는 조금 더 욕심을 부렸고, 반년 뒤 꿈에 그리던 유럽 배낭여행을 자전거와 함께 떠났다. 철조망 없는 국경을 마냥 신기해하며 숨 돌릴 틈도 없이 페달을 밟았다. 속도계에는 2,807km가 찍혔다. 유럽을 한 바퀴 돌기까지 500km 남은 시점, 나는 트럭에 치이는 사고가 나는 바람에 완주에 실패하고 말았다. 불행 중 다행으로 내 몸뚱어리는 무사히 건질 수 있었지만, 내 두 다리가 되어주던 애마는 그 자리에서 두 동강이 나버렸다.

'겁 없는 20대'라는 말은 괜히 나온 게 아닌 듯하다. 사고를 겪고 돌아온 나는 오히려 자신감이 솟아올랐다. 귀국 후 나에게 쏠린 시선이 달라졌다고 느꼈기 때문이다. 신문사에선 나의 기사를 싣겠다고 인터뷰를 따갔고, 강의 요청이 하나둘 들어오기 시작했다. 왠지 길이 보일 것만 같았다. 그간 찍은 여러 개의 점이 모여 희미하게나마 선으로 이어지고 있음을 확신했다.

"'먼 나라 이웃 나라'나 '나의 문화유산 답사기'라는 책들처럼 한 나라, 한 지역의 역사 등에 대해 소개한 책은 있지만, 자전거로 각 나라의 현지 문화를 풀어낸 책은 없잖아?"

그렇다. 내 마음속 깊은 곳엔 감히 '자전거 여행자' 겸 '여행 작가'라는 꿈이 떡 하니 자리하고 있었나 보다. 목적지는 한 곳으로 줄이고 기간은 두 배로 늘렸다. 경주마처럼 앞만 보고 달리던 라이딩에 '숨'과 '쉼'을 보충한 여행을 꾸몄다. 그리하여 현지인들의 삶 속에 조금이나마 비집고 들어가 보는 '문화 체험' 테마를 품에 안고 형제의 나라 튀르키예로 향했다. 튀르키예에서 머무는 석 달 남짓한 시간 동안 나는 그들의 언어로 마음을 사로잡는 방법을 터득했고, 그들과 조금이

라도 더 가까이해보려 매일 그들의 집 대문을 두드려 잠자리
를 해결했다. 그렇게 80일간 5,036km를 두 바퀴로 그려내었
고, 나는 '국내 최초 자전거 튀르키예 일주자'라는 타이틀을

얻었다.

하지만 마냥 기뻐할 수만은 없었다. 내가 롤 모델로 생각했던 자전거 여행계의 선배가 같은 시기 이웃 나라 이란에서 교통사고로 운명을 달리했다는 비보를 전해 들었기 때문이다. 그 소식을 접했던 호스트의 집이 그 선배가 불과 석 달 전에 머물렀던 곳이라는 게 내겐 적잖은 충격으로 다가왔다. 3개월 늦게 그의 발자취를 따라가고 있었다. 그의 사고가 마치 머지않은 나의 미래같이 느껴졌다. 튀르키예 완주 후 수개월 여에 걸쳐 내 안의 '이상'과 '현실', 두 녀석은 끝없이 싸웠다. 결국 튀르키예를 누비는 동안 설레는 마음으로 작성해놨던 '포르투갈 일주 후원 제안서'는 바깥세상 구경을 해보지도 못한 채 휴지통으로 향했다. 그 이후 자전거는 더 이상 내 여행의 동반자가 아닌 것이 되어버렸다.

나는 자전거와 함께한 여행에선 종종 'Stupid donkey'라고 불렸다. 직역해보자면 '어리석은 당나귀'. 앞뒤로 배낭을 멘 채 일명 '쪼리' 슬리퍼를 신고 페달을 굴린다고 해서 붙여진 별명이다. 보통 패니어(자전거 짐받이 가방)를 달고 클릿 슈즈(전용 신발)를 챙겨 신는 라이더들에겐 눈살이 찌푸려질 만한 행태다. 내 모습을 본 현지인들은 그러다가 언젠간 몸이 부서질 거라고 했다. 부정하진 않는다. 정말 무겁다. 그럼에도 불구하고 온종일 10킬로가 훌쩍 넘어가는 배낭을 메고 안전이라곤 찾아볼 수 없는 쪼리를 신고 달리는 이유는 내 여행 스타일에 최적화된 맞춤형 장비였기 때문이다.

유럽 같은 경우 하루에도 여러 번 거치는 시골 마을마다 구석구석 볼 것들이 다양했다. 숨어있는 명소를 발견할 때마다 잠시 자전거를 보관해두고 한 손엔 카메라를 쥔 배낭여행자가 되고 싶었다. 그 때문에 배낭을 메는 것이 뚜벅이 여행자로 변신하기에 용이했다. 물론 패니어를 달고 다녔다면 몸은 편했을 테지만, 자전거만 맡긴 채 패니어를 들고 다닐 수가 없었을뿐더러 내 자전거와 짐을 모두 맡기기엔 위험성이 컸다.

쪼리를 신고 달리게 된 계기도 생각해보면 웃프고 어처구니없었다. 스물셋의 8월, 뙤약볕이 내리쬐는 한여름이었다. 7만 원짜리 중고 자전거를 가지고 무작정 떠난 국토 종주였는데 첫날부터 예기치 못한 장대비가 나를 반겨주었다. 덕분에 비를 쫄딱 맞아 물에 빠진 생쥐 꼴이 되었다. 다음 날 아침, 찜질방 신발장을 열어 운동화를 집어든 순간 이 세상 냄새라고는 믿기 힘든 퀴퀴한 냄새가 코를 찔렀다. 그간의 땀방울이 켜켜이 스며든 운동화가 어제의 비에 흠뻑 젖은 채 밤새 밀폐된 공간에 방치되어 고약한 냄새를 만들어 낸 것이다. 잠시 운동화를 쥐어 든 내 손에까지 썩은 냄새가 진동했다. 아무리 애정 가득한 내 신발이라지만 차마 그걸 신을 용기가 나질 않았다. 용기 내어 신었다간 내 발이 썩을 것만 같았다. 어쩔 수 없이 삼선슬리퍼를 신고 내달렸는데, 어라? 땀도 차지 않고 비가 내려도 걱정이 없었다. 그때부터였다. 그 뒤, 슬리퍼는 가끔 벗겨질 때가 있어 엄지발가락을 끼울 수 있는 쪼리로 발전하게 되었다.

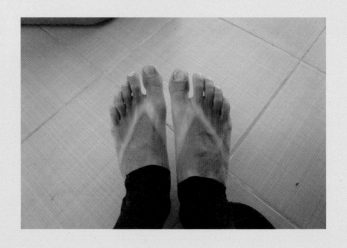

여유롭고 낭만 가득해 보이는 자전거 여행의 이면에는 명백하고 치명적인 단점들이 꽤 많다. 일단 느리다. 느려도 너무 느리다. 파리에서 프라하까지 가려면 기차로는 하루면 충분할 테지만, 자전거로는 보름은 족히 안장 위에서 죽어라 페달을 굴려야 한다.

날씨의 제약도 크다. 눈과 비엔 쥐약이며, 특히나 맞바람이 터질 때면 아무리 페달을 굴리려 해도 앞으로 나아가질 못하는 상황에 무의식적으로 욕을 연발하는 나를 발견할 수도 있다.

무엇보다 자전거를 타고 도시에서 도시, 나라에서 나라를 이동한다는 것은 정말 위험하다. 자전거의 천국이라 불리는 네덜란드에서는 어딜 가나 정갈하고 곧게 뻗은 자전거 도로를 접할 수 있지만, 낙후된 나라에서는 이는 꿈같은 이야기다. 눈을 씻고 찾아봐도 자전거 전용도로를 찾아볼 수 없고, 심각한 도로 수준에 하루에도 수 차례 바퀴에 펑크나는 걸 각오해야 한다. 어디 그뿐인가. 예고 없는 트럭의 경적에 가슴이 철렁거리고, 터널 안을 달릴 때면 쌩하니 달리는 차로 인해 자전거가 휘청거리곤 한다. 트럭이 만들어내는 굉음은 마치 전투기 소리 같고, 만만해 보이는 소형차들도 '여기가 감히 어디라고 들어왔어!' 호통치는 듯하다.

그런데도 도대체 왜 자전거를 타고 여행 다닐 생각을 했냐고? 그것도 해외를? 자전거와 함께한 여행에선 진짜 '여행'을 했다고 자신 있게 말할 수 있었기 때문이다. 5성급 호텔 요리사가 만든 값비싼 음식보다 레시피 하나하나 찾아가며 내가 손수 만든 음식이 더 애착이 가며 기억에 오래 머물 것이다. 자전거 여행도 마찬가지다. 자전거는 기차나 버스처럼 목적지에서 목적지로 택배처럼 배달해주는 게 아닌, 오롯이 내가 준 힘만큼 앞으로 나아가는 정직한 도구이다. 직접 구슬땀을 흘려가며 페달을 굴리는 과정에서 내 두 발과 땅과의 거리만큼 여행지에 자연스레 가까워질 수밖에 없다. 비를 막아줄 수 있는 창문이 없어 동네에서 불어오는 바람을 온몸으로 만끽할 수 있고, 신문이나 TV를 보지 않아도 마을에서 들려오는 소식을 들을 수 있으며, 시선을 어디로 돌려도 그들이 살아가는 사소한 일상 하나하나를 하루 종일 관찰할 수 있다. 관광객 하나 없는 한적한 시골 마을의 허름한 노포에서 현지인들 사이에 끼어 두 눈 번쩍 뜨이는 최고의 진미를 경험할 수 있고, 어릴 적 맡은 시골 냄새같이 친근하고 정겨운 사람 사는 냄새 또한 실컷 맡을 수 있다. 이렇게 자전거를 통해 오감으로 받아들인 여행지에서의 기억은 잊으래야 잊을 수 없이 고스란히 내 것이 되어 평생토록 지워지지 않는 소중한 추억들이 됨을 몸소 느꼈다.

분명 수많은 위험이 도사리고 있고 명확한 단점들이 존재함에도 불구하고, 시나브로 나는 누구도 말릴 수 없는 자전거 여행 예찬론자가 되어버렸다.

길을 잘못 들어 낯선 장소를 헤맸을 때의 짜릿함, 애정
어린 눈빛으로 바라보며 나를 친아들처럼 대해줬던 현지인
들, 생각대로 되지 않았지만, 생각지도 못한 일이 벌어졌던
순간들, 자전거와 함께한 나날들은 하루하루가 사람 냄새 풀

풀 풍기는 한 편의 휴먼드라마 같았고 기적의 연속과도 같았다. 앞으로 내가 얼마나 멋진 여행을 하고 얼마나 멋진 장소를 가도 자전거와 함께했던 지난날들이 '내 인생의 전성기'였다고 나는 확신할 수 있다.

캄보디아, 씨엠립 공항
한국인으로 여행하기

1. 예약 전쟁

최소한 몇 달 전에는 항공권을 예매해야 한다. 그마저도 원하는 날짜에 떠날 수 있다는 보장은 없다. 모아놓은 항공 마일리지로 항공권을 예매하고자 한다면 365일 전엔 예매해야 한다. 마일리지로 사용할 수 있는 보너스 항공권은 정확히 1년 전에 풀리고, 연휴에 비행기 티켓을 확보하는 건 하늘의 별따기다.

2. 착륙

비행기가 착륙하기 무섭게 서둘러 짐을 챙겨 자리에서 일어난다. 복도석에 앉았을 때 미리 일어나지 않았다가는 옆 사람의 따가운 눈총을 받기 일쑤다.

3. 입국심사

총성 없는 전쟁이 따로 없다. 종종걸음으로 나를 앞질러 가는 이들을 보고 있자니, 1등이 아니면 이 나라에 입국하지 못하고 낙오자로 남을 것 같아 불안해진다.

4. 웃돈

씨엠립 공항 직원들은 비자 발급과 입국 수속을 기다리는 한국인들에게 급행료 명목으로 1달러를 요구한다. 서양인들에게는 접근조차 하지 않는다. 유독 한국인들에게만 1달러를 요구한다. 성격 급한 한국인들의 니즈를 파악한 그들의 명시적 요구가 관행이 되어버렸다. 뒷주머니에 1달러를 찔러주는 사람은 누구보다 빠르게 모든 수속을 밟고 입국장으로 향한다.

세계에서 가장 부지런한 대한민국 국민으로 여행하는 건 '전쟁'이다.

캄보디아, 깜퐁 플럭
1달러의 상대성

공항에서 비자를 만들 때부터 공공연하게 뒷돈 1달러를 요구하는 이 나라. 그 1달러의 제공 여부에 따라 기나긴 줄을 설 것인지, 프리패스로 입국 수속을 밟게 될 것인지가 결정되었다. 나라의 관문에서부터 1달러짜리 지폐 한 장이 지니는 가치는 실로 컸다.

저녁 어스름이 깔려올 때쯤 슬리퍼를 질질 끌고 펍스트리트로 나가는 발걸음이 가볍다. 물가가 저렴한 나라의 좋은 점은 아무래도 몸과 입이 즐거워진다는 것이다. 유럽 같은 곳에서는 식사하면서 물 한 병 시키는 것도 신중에 신중을 기해야 하지만, 동남아에서는 물 한 병에 콜라를 얹고 디저트까지 곁들여도 전혀 부담스럽지 않다. 궁금해진 배를 부여잡고 나온 펍스트리트에선 '해피 아워'라는 이름 아래 살얼음 동동 띄워진 생맥주 한 잔이 고작 0.5달러였다. 그것도 작

은 컵이 아니라 500cc 큰 잔에 말이다. 우리나라 돈으로 500
원 정도면 동남아의 무더위를 날리고 기분 좋은 취기까지 더
할 수 있다니 이런 천국이 어디 있겠는가! 4개에 1달러 하는
꼬치는 안주로 안성맞춤이었다. 그뿐만이 아니다. 펍스트리
트에서는 1달러로 발 마사지를 15분 동안 받을 수 있다. 반바
지에 슬리퍼 차림으로 하루 종일 흙먼지 가득한 거리를 활보
하고 다닌 탓에 꾀죄죄해진 발을 남에게 내밀기가 부끄러웠
지만 마사지사는 야무진 손길로 내 다리의 혈들을 찾아 꾹꾹
눌러주었다. 부른 배를 두드리며 숙소로 돌아가는 길, 한 손

엔 생과일주스, 한 손엔 방금 썬 망고 한 봉지. 1달러가 선사하는 참으로 호화로운 귀갓길이었다.

다음 날, 예약해놓은 톤레삽 호수 일몰 투어를 위해 1시간가량 떨어진 캄퐁 플럭으로 향하는 툭툭이를 탔다. 캄퐁 플럭은 동남아에서 가장 큰 호수인 톤레삽 호수 위에 떠 있는 수상마을로, 캄보디아에서도 가장 가난한 동네로 꼽힌다.

가이드의 말을 빌리자면, 원래 이곳 주민들은 톤레삽 호수에 기대어 어업으로 생계를 이어 나갔다고 한다. 하지만 자연환경의 변화로 어업이 어려워졌고, 어선 대신 투어 상품으로 이곳을 둘러보는 관광객을 태운 배가 오기만을 기다린다고 한다. 우리를 태운 배가 마을에 도착하자, 주민들은 배가 정박할 때까지 환한 미소와 함께 손을 흔들었다. 제일 먼저 꼬마 아이들이 몰려와 어깨 마사지를 해주며 돈을 요구했고, 일부는 '원 달러'를 외치며 엽서를 보여주었다. 아주머니들은 카약 위에서 노를 저으며 맹그로브 숲을 도는 카약 투어를 권했다. 어른뿐만 아니라 아이들까지 가정의 생계를 위해 외부인을 맞이하고 호객하는 장면이었다.

그렇게 그들의 손에 쥐어진 1달러는 그들에게 몇 끼니의 쌀이 되고, 물이 되고, 그들의 옷이 되겠지. 누군가에겐 1달러짜리 지폐 한 장이 일시적인 목축임과 15분의 행복을 위한 수단이지만, 캄퐁 플럭의 원주민들에게는 생계를 위한 절실한 수단이 되는 자본주의의 냉정하고 야속한 먹이사슬 관계가 왠지 모르게 씁쓸하게 느껴졌다.

다만 한 가지, 맹그로브 숲 너머로 붉게 물들어가는 노을은 참으로 아름다웠다.

일본, 시라카와고
여행 예습

낯선 곳에서의 먹을거리, 특히 '맛집'을 찾아볼 때 최대한 객관적인 시선에서 찾아보려 한다. 요즘 세상에는 집에서 클릭한 번으로 관심을 두는 식당의 메뉴와 가장 잘나가는 음식은 물론이며 식당 내부가 어떤 구조로 이루어졌는지까지 확인할 수 있다지만, 웬만하면 블로그나 카페에 올라오는 각종 후기들을 잘 보지 않으려 한다.

'흥. 이 사람이 이 동네 식당들을 다 다녀봤겠어? 어디서 맛집이란 표현을 함부로 써.'

블로그를 꽤 오래 운영해본 짬밥으로, 동네의 수많은 식당 중 한 곳을 단 한 번 방문하고도 함부로 '맛집' 타이틀을 붙여 방문을 유도할 수 있다는 걸 알기에 자연스레 비판적인 시각을 가지게 된 것이다. 때로는 이런 자체 필터링의 결과로 이렇게 맛없는 곳이 장사해도 되나 싶은 곳에서 소중한 한 끼를 버리는 부작용도 겪지만 말이다.

　여행에 있어서도 마찬가지라서 일단 가기로 정한 목적지 외에는 가이드북은 물론, 인터넷에 즐비한 여행 후기조차 피하려고 애쓴다. 이렇게까지 하는 이유는 영화를 볼 때 스포일러 당하지 않으려는 것처럼, 그 어느 것에도 방해받지 않고 오롯이 나만의 감정과 시선으로 여행지의 첫인상을 느끼고 싶기 때문이다. 여행엔 무척이나 진심인 편이라 누군가의 경험을 그대로 경험하고 싶지 않은 마음도 크다.

　인터넷에서 우연히 접한 일본 나고야 현의 시라카와고 마을의 사진 한 장. 겨울철 눈이 많이 쌓이는 것을 막기 위해 경사가 급한 합장 형태로 지은 지붕들 때문에 마치 동화 속 마을 풍경을 보는 듯했다.

이 사진 한 장에 마법처럼 이끌려 나고야행 티켓을 끊었다. 시외버스를 타고 4시간 동안 산골짜기를 굽이굽이 거슬러 올라가 시라카와고 마을을 영접했다. 역시나 사진과 같은 풍경을 본 쾌감은 '이번 여행 역시 틀리지 않았구나.'라는 확신이 들게 했다. 나고야로 돌아와 허기진 배를 움켜쥐고 무작정 들어간, 허름하지만 시끌벅적했던 노포에서 맛본 라멘, 퇴근 후 일본인 특유의 흰색 셔츠에 검은색 정장을 입은 직장인들로 북적이는 틈새를 비집고 들어가 맛본 인생 야끼니꾸는 여행의 맛을 가미시켜주었다. 시라카와고 마을 전경 하나만을 바라고 떠나온 일본 소도시 여행 내내 뜻밖에 찾아온 선물들에 행복함이 떠나질 않았다. 예습을 전혀 하지 않고 무작정 찾아온 여행지에선 아는 것이 적었기에 기대하지 않았던 부분에서 얻는 기쁨은 배가 되었다.

금지된 성지, 오명불학원

우연히 본, 내 심장을 후벼 팠던 사진 한 장.

인터넷을 이 잡듯 뒤진 끝에 동티베트 '써다' 현에 있는 오명
불학원임을 알아냈다.

    간쯔티베트족자치주 해발 약 3,900미터에 위치한 오명
불학원은 세계 최대 티베트 불교학원이다. 1980년 티베트 불
교를 재건하고자 티베트 고승인 직메 푼촉 린포체가 32명의
제자를 가르치면서 세운 오명불학원은 1990년대 말 이미 거
주하는 승려가 1만 명을 넘어선, 하나의 도시로 성장했다. 이
를 좋게 볼 리 없었던 중국 정부는 정치, 종교적인 이유로 오
명불학원 내 사원을 파괴하고 승려들을 쫓아내는 등의 탄압
을 가했지만, 티베트인들의 거센 반발로 갈등이 심해지게 되
었다. 이러한 사실이 서양인들을 통해 세상에 알려지게 되었
는데, 중국 정부는 오명불학원을 조건부 인정하는 대신 외국

인 출입을 금지했다.

공항이 없어 비행기로는 갈 수 없고, 철도도 지나지 않는다. 중국 쓰촨(사천) 성 주도인 청두(성도)에서 오명불학원이 있는 티베트족 자치주 '써다'현까지 가는 버스는 있다고 한다. 문제는 써다 현 입구에 검문소가 있어서 외국인들의 출입을 철저히 막는 것이었다.

머리보다 몸이 먼저 움직였다. 내 손은 이미 항공권 예매사이트를 기웃거리고 있었고, 추석 연휴를 껴 넣은 항공권을 예매하는 데 성공했다.

대한민국, 인천공항

인생은 B와 D사이의 C

"팔자 좋다잉~ 추석 연휴에 떠나고."

몇 시간 후면 명절을 뒤로하고 훌쩍 떠나는 내가 부러웠나 보다. 거실에 있던 누나가 방으로 들어오더니 오와 열을 맞춰놓은 짐들을 하나둘 들쑤시며 심술을 부렸다. 그리곤 얼마 전 새로 산 카메라를 만지작거리기 시작했다. 이번 여행을 위해 몇 달 치 월급을 모아 큰맘 먹고 장만한 최신형 DSLR 카메라였다. 배터리를 완충해놨던 터라 카메라를 들고 여기저기 셔터를 눌러대는 모습이 심히 거슬렸지만 잠시 후면 떠날 설레는 여행을 위해 별말 없이 참았다.

'실컷 만져라. 나는 곧 떠나지롱 메롱~'

연휴라 그런지 인천공항은 동이 트지 않은 새벽인데도

출국하는 수많은 여행객으로 북적였다. 나 역시 수많은 인파 속에서 탑승권 발급을 위해 중국동방항공 체크인 카운터를 찾았다. 중국 '청두'라는, 여행으론 쉬이 가지 않을 것만 같은 목적지인지라 다른 쪽에 비해 대기 줄이 그리 길지 않았다. 출발부터 기분이 좋았다. 저 멀리 빵빵한 배낭을 메고 카메라 가방과 삼각대를 어깨에 멘 내 모습이 거울에 반사되어 돌아 왔다.

'짜식 좀 멋진데?' 고작 5일짜리 여행인데도 장기 배낭여 행자 포스가 물씬 풍겼다. 그때 전화벨이 울렸다. 엄마였다.

"보선아, 식탁에 카메라 두고 갔던데, 이거는 일부러 놔 두고 간 거니?"

아뿔싸… 머릿속이 온통 하얘졌다. 카메라는 집에 고이 두고 삼각대와 여분 렌즈들이 든 카메라 가방만 챙겨온 것이 었다. 카메라는 이번 여행을 위해 몇 달간 갈고닦은 나의 '필 살기'였다. 동티베트의 오명불학원을 제대로 담아 보고픈 마 음으로 몇 달 치 월급을 차곡차곡 모아 노트북 가격 뺨치는 망원렌즈를 포함해 구입한 최신형 DSLR 카메라였기 때문이 다. 그간 카메라를 장만하기 위해 공들인 노력을 잘 알기에 전화기 속 비보를 접한 순간 빈속에 독주 한 잔을 원 샷 때린 듯이 속이 쓰라렸다. 어깨에 걸쳐진 카메라 가방과 삼각대가 무색했다. 그 중요한 것을 놓고 와버린 건 명백한 내 잘못이지만, 가지런히 정리해놓은 짐들 사이에서 카메라를 쏙 집어 만지작거렸던 누나가 괜스레 원망스러웠다.

"고객님, 발권 도와드리겠습니다. 여권을 보여주시겠어요?"

"잠… 잠시만요."

STOP. 그야말로 뇌가 멈춰 버렸다. 눈앞이 캄캄했다. 무얼 해야 할지, 좀처럼 현명한 생각이 떠오르질 않아 결정을 내릴 수 없었다.

'집에 있는 카메라를 퀵으로 받을 수 있을까?'

'인천 시내에 나가 카메라를 하나 사 와야 하나?'

'에라 모르겠다. 그냥 핸드폰 카메라로 찍고 다녀?'

'혹시 면세점에서도 파나?'

'아니면 중국서 확 사버려?!'

주인을 따라가지 못한 채 집에 덩그러니 놓여 있는 카메라를 공항으로 전달받을 가능성은 0%에 가까웠다. 아니, 확실히 0%였다. 그렇다고 인천 시내로 나가서 구매하자니, 연휴이기도 하거니와 아직 매장이 오픈할 시간도 아니어서 역시나 카메라를 손에 쥘 확률은 희박했다.

핸드폰 카메라는? 물욕, 식욕은 없어도 여행욕과 사진욕은 충만한 내가, 그것도 꿈에 그렸던 오명불학원을 폰카로?! 생각만 해도 끔찍했다.

남은 선택지는 면세점과 중국 현지 구매밖에 없었다. 출국장에서 고민한다고 달라질 건 없었다. 탑승 수속을 마치고 곧장 면세점으로 향했다. 넓디넓은 인천공항 면세점을 이 잡듯 샅샅이 뒤진 결과 다행히도 전자기기 매장 한편에서 캐논 매장을 발견했다. 내 어깨에 메여 있어야 했던 그 기종은 최신형이라 그런지 진열장 한 가운데 조연이 아닌 주연으로서 영롱하게 빛을 내고 있었다. 나는 일말의 고민도 없이 집에 있는 카메라와 똑같은 모델을 구매했다. 졸지에 나는 똑같은 DSLR 카메라를 2개나 가진 사람이 되었다. 그것도 최신형으로 말이다.

'돈이 죽지 사람이 죽냐.'

다음 달의 카드 값이 어떻게 나갈지는 모르겠고, 당장의 행복이 우선이었다.

티베트, 써다
객기와 패기는 한 끗 차이

p.m. 8:40

"써다 행 티켓 1장 주세요."

"외국인은 거기 못 갈걸."

"괜찮아요. 그냥 주세요."

    사실 청두에 오기 전부터 외국인이 오명불학원으로 갈 수 있는 합법적인 방법은 없다는 것을 알고 있었다. 하지만 내가 오늘 청두에 도착했다는 것 자체가 이미 물은 엎질러진 것이다. 게다가 나에게 주어진 시간은 단 5일이다. 성공을 확신할 수 없는 왕복 30시간 거리의 오명불학원을 다녀오기엔 결코 긴 시간이 아니다. 그럼에도 해내야 한다. 왜?

    추석 연휴와 주말을 껴서 연차 없이 꼴랑 5일로 동티베트를 여행하려 하는 나는 불쌍한 사우스코리안 직장인이니까. 여하튼 '해도 후회 안 해도 후회면 해보고 나서 후회하자'

라는 지론으로 이곳 청두까지 왔다.

'못 먹어도 고!' 내 손엔 다음 날 아침 6시 15분 써다 행 버스표 한 장이 쥐어졌다.

다음 날 이른 아침, 버스에 올랐다. 주위를 요리조리 둘러봐도 외국인은 나뿐인 듯했다. 같이 탄 주변 사람들에게 써다 행 버스인지 재차 확인하다가 알게 된 영어를 전공한 청년 1. 커플인데 떨어져 있어서 내가 자리를 양보해준 커플. 자리를 바꿔서 짝꿍이 된 잘생긴 청년 2. 써다 행 버스 안에서는 이 4명만이 영어를 할 줄 아는 듯해 보였다. 이들에게 외국인이 써다에 들어갈 수 있는지 확인(알면서도)해 보는데 답변은 절레절레.

"너 중국어 할 줄 알아?"
"아니."
"그럼 입을 다물고 있는 게 좋을 거야."

핸드폰 앱 속 고도계가 하염없이 올라갔다. 2,000미터 돌파. 얼마 지나지 않아 3,000미터 돌파. 내가 지금 한라산 백록담을 넘어 백두산 천지보다 더 높은 곳에 있다는 게 사실인가. 이게 사실이라는 건 곧 고산병 증세로 증명되었다. 머리가 지끈거리기 시작했다. 게다가 도로의 숨결이 온전히 느껴질 만큼 버스는 심하게 덜컹거렸고, 마음껏 의자를 뒤로 젖

힐 수도 다리를 쭉 뻗을 수도 없었다. 배낭을 껴안은 채 웅크리고 앉아 수차례 자다 깨다를 반복했다. 차마고도의 한 갈래인 천장북로를 12시간쯤 내달렸으려나, 드디어 오명불학원이 위치한 써다 현에 진입했다. 이내 내 가슴은 쿵쾅거리기 시작했고, 두 눈은 경계 태세에 돌입한 미어캣마냥 창밖을 주시했다. 여기 오기 전까지 찾아본 바로는 써다 현 입구에서 검문이 있다는데, 그 말로만 듣던 공안의 검문이 언제일까 노심초사했다.

아니나 다를까, 잠시 후 나를 태운 버스는 검문소 앞에 멈춰 섰고 버스 기사는 승객들의 신분증을 걷기 시작했다.

"나 신분증 없⋯는데⋯"
"그럼, 여권이라도 줘봐."

신분증을 걷는 동안 버스 안 분위기가 갑자기 이상해졌다. 내 주위의 승객들과 버스 기사 간에 고성이 오가고, 급기야 버스 기사는 한 여자에게 주먹질까지 하려 하는데, 옆에 앉은 청년의 말로는 내 주변의 승객들이 나는 신분증을 걷지 않고 그냥 없는 셈 치면 되지 않느냐고 보호해주려 했단다. 하지만 단호박 같은 버스 기사는 내 여권을 빼앗아 검문소의 공안에게 제출했다.

시간이 꽤 흘렀다. 내 여권을 쥐어 들고 버스에 오른 공안은 나를 보며 손짓했다.

"너는 여기를 통과할 수 없어. 되돌아가는 교통편 아무거나 태워줄 테니 돌아가."

공안의 눈빛에서 '감히 어딜 넘어가려고?!' 하는 꾸짖음이 마음속으로 전해졌다. 나 홀로 버스에서 내렸다. 패배자가 된 것만 같았다.

p.m. 6:00
차마 오명불학원 땅 한번 밟아보지 못한 채, 교대근무를 끝내고 복귀하는 공안의 차를 얻어(?) 타고 이곳 루훠 현으로 왔다. 루훠 현은 써다 현에서 남쪽으로 100km가량 떨어진 곳에 있다.

'여기서 무너지면 나 권보선이 아니지.'

나는 아무 일 없었다는 듯이 되돌아온 방향으로 히치하이킹을 시도했다. 아까 퇴짜 맞았던 검문소를 지날 때쯤이면 깜깜한 밤이 되어 그곳을 지키는 공안은 더 이상 없을 거라는 계산이었다. 부푼 희망을 안고 30여 분 만에 1/5 정도를 하이킹에 성공했지만, 더 이상 차도 다니지 않을뿐더러 해가 저물어 히치하이킹을 계속 시도하기엔 무리였다. 승산이 있을 법했는데 고산지대의 밤은 왜 이리 빨리 찾아오는 것인지 야속하기만 했다. 가로등이라곤 찾아볼 수 없는 깜깜한 천장 북로에 그래도 오늘이 추석이랍시고 보름달만이 동그랗게 나를 비추고 있었다.

시간은 밤 9시가 넘어가고 있고, 해발고도는 4,200m를 가리켰다. 주변에는 내겐 전혀 관심 없어 보이는 새까만 야크들만이 소리 없이 돌아다녔다. 설상가상으로 비까지 추적추적 내리기 시작했다. 빗물이 더해진 배낭의 무게를 견디지 못했을까? 축축해진 배낭을 내려놓은 채 길가에 털썩 주저앉아 생각에 잠겼다. 춥고 배고프고 뭐 하는 짓인지 모르겠다. 이대로 죽겠구나 싶었다. 금지된 곳을 가보겠다는 행동이 패기인지, 객기인지 분간을 못 하겠다가 시간이 지날수록 점점 후자 쪽으로 생각이 기울고 있었다. 지금쯤 집이었다면 명절 음식 배불리 먹고 폭신한 침대에서 뒹굴거리고 있었을 텐데.

도로 아미타불. 히치하이킹 작전은 보기 좋게 실패했다. 산골
짜기에서 하루를 보내야 하나 싶었는데, 다행히 반대차선의
차를 겨우 얻어 타고 출발점이었던 루훠 현으로 돌아왔다.

사뭇 진지한 고민이 시작되었다. 시도했던 2가지 방법
이 모두 실패했다. 이제 내 머릿속에 가지고 있던 남은 방법
은 두 가지. 지금 바로 빵차(미엔바오처 : 개인택시 대절 개념
의 교통 서비스)를 섭외해 출발해보는 것과 내일 오전에 검
문소 진입로 부근에서 산을 타고 몰래 오명불학원으로 넘어
가는 것. 지금 당장 행동에 옮길 수 있는 건 빵차 섭외다.

아직 불이 켜진 식당, 술집과 숙소에 모두 들어가 어디
선가 주워들은 빵차에 대해 이야기해봤지만, 생각지도 못한
난관에 봉착했다. 언어 문제였다. 영어 가능한 사람 찾기가
하늘의 별 따기보다 힘들 줄은 미처 예상치 못한 일이었다.
영어가 아니더라도 한자였다면 대략 추측이라도 해볼 수 있
을 텐데, 이곳 티베트족 자치주에서 사용되는 티베트어는 그
야말로 보도 듣도 못한 괴이한 문자들로 이루어져 도무지 알
아들을 수가 없었다. 더 심각하다고 느꼈던 것은 우리가 흔
히 아는 아랍 숫자 체계가 아니라 그들만의 고유 숫자 체계
를 사용해서 숫자 또한 읽을 수 없다는 것이었다. 마을을 돌

며 사람들을 만날수록 허망함만이 쌓였다. 그렇게 온 마을을 돌았을까? 반 포기상태로 잠이나 청할 셈으로 들어간 허름한 숙소에서 드디어 영어를 조금이나마 할 줄 아는 티베트 처녀를 만났다!

"이봐. 혹시 지금 빵차 구할 수 있을까?!"

"근데 이 시간에 혼자 타는 거면… 가격이 엄청 비쌀 텐데."

"비용은 얼마든지 상관없어."

티베트 처녀는 곧장 누군가에게 전화를 걸었다. 그녀의 입에서 흘러나오는 티베트어는 알아듣지 못했지만, 그녀의 입 모양, 눈빛 하나하나에 촉각이 곤두섰다.

"700위안(한화 약 13만 원)이면 가겠대."

"좋아! 근데 550위안(한화 약 10만 원) 어때?"

"오케이, 내 친구가 자정까지 여기로 오겠대. 그동안 위에서 좀 쉬고 있어."

이 상황에서도 비용이 얼마인지 상관이 있었나 보다. 무려 10배가 넘은 돈을 지불하는 거지만 이방인이 오명불학원에 들어가는 입장료라고 생각해야지.

a.m. 1:27

드디어 써다 현 검문소를 통과했다! 밤이 늦어서인지 오후에 나를 막아섰던 검문소는 불이 꺼져 있었다. 야심하다 못해 으슥해진 새벽, 대화가 통하지 않아 통성명조차 하지 않은 티베트 청년이 써다 현에서 숙소까지 구해주었고, 티베트 처녀의 이름으로 체크인까지 해주고 떠났다.

a.m. 3:21

'나 인복은 참 많은 사람인가 보다.'

금방이라도 푹 꺼져 주저앉을 것만 같은 매트리스에 몸을 뉘었다. 오늘 하루가 참 길게만 느껴졌다. 고산병 증세로 머리가 깨질 듯이 아팠다. 행여나 공안이 밤에 순찰을 돌까, 나를 잡으러 올까 봐 쉽사리 잠이 오질 않았다. 이윽고 창밖이 환해졌다. 밤을 지새운 것이다.

숙소에서 나오며 주인에게 하루 더 머물고 싶다고 말해봤지
만, 단호히 거절당했다. 외국인이라 걸리면 큰일 난다며 손으
로 머리에 총을 겨누는 시늉을 했다.

써다의 아침은 고요하고 한적했다. 외국인은 나뿐이겠
지? 이 동네의 중심부인 진마광장에서 오명불학원으로 가는
빵차를 타기 위해 현지인들의 눈치를 보며 두리번거리는 중
뒤에서 누군가의 외침이 들렸다.

"써니!!" 어라?
"오!!"
"뭐야! 너 여기 어떻게 왔어?"

어제 버스에서 내가 자리를 양보해준 중국 커플이었다.
그들은 내가 여기 있는 게 신기했는지 놀라움 반, 반가움 반
의 표정이었지만, 적어도 나에겐 그들과의 우연한 만남이 마
치 천군만마를 얻은 것 같았다. 줄곧 이곳에서 영어를 하는
사람이 없어 너무나도 답답했는데, 앞으로의 여정은 이들과
함께할 수 있어서 너무나도 다행스럽게 느껴졌다.

든든한 아군과 함께 이제 오명불학원으로 가는 빵차를 탔다. 창밖의 날씨가 참 쾌청했다. 내 마음을 대변해주는 듯했다.

써니, 금지된 성지, 써다에 들어왔다! 그리고 동티베트의 심장, 오명불학원을 품에 안았다.

산비탈마다 붉은 성냥갑을 겹겹이 쌓아놓은 듯한 승려들의 집들은 가히 불심으로 형성된 천상의 모습 같았다. 공안에게 쫓겨나고, 히치하이킹하다 해발 4,000m 고지에서 소리 소문없이 없어질 수도 있었는데 이런 개고생들이 전혀 아깝지 않은, 아니 오히려 고맙게만 느껴졌다. 솔직히 천장 북로 어딘가에서 보름달을 바라보며 내 행동은 객기라고 생각했는데, 그것은 어느새 내가 하고 싶은 것을 이루기 위한 과정과 노력이었다고 포장되었다.

평범하게 노력하면서 어떻게 특별해지길 바라는가?

그래. 또 하고 싶은 게 있다면 내가 할 수 있는 최대한의 노력이라도 해보자. 후회 없이. 또 다른 걸 이루기 위해, 이제는 일상으로 돌아가야지. 총총총.

탄산 한 모금

빈자리 없이 손님들로 빼곡히 들어차 있는, 누가 봐도 맛집이라 추측할만한 로컬 식당이었다.

손님과 식당 종업원들이 한데 엉켜 복작이는 그곳에서 청년이라 부르기에도 무색해 보일 정도로 앳돼 보이는 한 종업원이 눈에 들어왔다. 삐쩍 마른 체형 덕분인지 민첩함이 유난히 돋보였던 그는 이리저리 숨 쉴 틈 없이 일하고 있었다. 잠시 후, 그는 슬금슬금 눈치를 보며 구석진 곳으로 가더니 남몰래 숨겨 놓은 사이다 한 병을 벌컥벌컥 들이켰다.

'크… 저 맛 알지.'

사이다를 들이켜는 그 장면이 마치 나의 과거와 연결된 시간여행의 포탈처럼, 옛날의 나로 이끌어주었다.

수능을 막 치른 19살의 겨울, 내 생에 첫 아르바이트로 유명 갈빗집 숯쟁이를 택했다. 장담컨대 그곳은 제복과 제식,

총성만 들리지 않을 뿐이지 1년 뒤 입대했던 군대보다 배는 더 힘들었다. 수북이 쌓인 숯들을 알맞은 크기로 깨부수고 손님상에 나갈 숯을 한가득 굽고 나면 한겨울에도 이마와 코끝엔 금세 땀방울이 송골송골 맺혔다. 수백 수천 장 쌓인 불판을 닦다가 타는 갈증을 못 이겨 주방으로 달려갔다. 그때 마신 살얼음 동동 띄워진 식혜 한 잔.

시드니에서 아르바이트를 시작한 로컬 카페. 그곳엔 새벽 6시부터 출근길의 화이트칼라들로 붐볐다. 영어가 도통 들리지 않아 주방에서 잡일을 했다. 피쉬앤칩스, 슈니첼, 뮤즐리 등 난생처음 접해보는 요리와 레시피, 밀려드는 주문에 양손엔 상처가 아물 날이 없었다. 거기에다 이 재료 넣어달라 저 재료 빼달라, 토마토 종류와 계란의 조리법은 어찌 그리 다양한지, 양복쟁이들의 주문 하나하나는 그들의 한껏 세워진 옷깃과 날카로운 하이힐마냥 까탈스럽기 그지없었다. 그 와중에 믹스베리 스무디 주문이 들어올 때면 속으로 쾌재를 외쳤다. 손님 내어주고 믹서기에 찔끔 남은 스무디를 손가락으로 쓱 모아 핥아먹는 그 맛.

왠지 이 청년이 벌컥 들이켠 사이다 한 잔의 맛이 내가 느꼈던 그 맛들이 아닐까?

숨 가쁘게 일하다가 느꼈던, 식도 저 끝에서부터 탄산을 불러일으키는 갈증이 무척이나 그립다.

돈으로 시간과 안락함을 구매하는 게 당연하게 여겨지고, 엉덩이가 의자에 붙어있는 시간이 늘어가고 혐오스럽기만 한 뱃살이 한 움큼 쥐어지는 게 익숙해진 요즘, 분명 육체적으로 신선한 자극이 필요한 시점이다.

멕시코, 익칠 세노테

인도, 뉴델리
인크레더블 인디아

"'Paharganj' 파하르… 간…즈…? 아 여기구나!"

　　뉴델리역에서 나오자마자 사기꾼들의 소굴이라는 소문을 귀가 따갑도록 들었던 뉴델리의 빠하르간지 초입에 도착했다. 전쟁에라도 참전하는 군인마냥 쓸데없이 비장해졌다. 마치 전투를 앞둔 장수가 적진의 형세를 살피듯이 나는 빠하르간지의 전경을 쓱 살펴보곤 배낭끈을 꽉 조여 맸다. 그리곤 매연과 먼지 가득 섞인 인도 특유의 뿌연 공기를 한껏 들이마신 뒤 발걸음을 뗐다.

　　"마이 프렌드, 너는 지금 빠하르간지로 들어갈 수 없어. 안에서 폭동이 일어났거든. 우회해서 가야 하는데 내가 알려줄게."

역시나 예상했던 대로였다. 소문으로만 들었던 '그' 멘트가 꾀죄죄하지만, 유창한 영어를 구사하는 청년의 입에서 흘러나왔으나, 애석하게도 나는 그가 바라던 호구가 아니었다.

방콕엔 카오산로드, 호치민엔 부이비엔거리가 있듯이 인도 뉴델리엔 빠하르간지가 있다. 앞에 나열한 어느 여행자 거리와 견주어도 전혀 떨어지지 않는, 아니 오히려 둘째가라

면 서러울 소란스럽고 혼란스럽기 그지없는 인도의 관문이
다. 비좁은 골목이 이어져 있고, 그 골목을 따라 여행자들이
많이 찾는 저렴한 식당들과 숙소, 환전소들이 분포해 있어 뉴
델리를 찾는 여행자들의 베이스캠프라고도 불린다. 빠하르
간지의 거리에는 명성에 걸맞게 오토바이와 오토릭샤(삼륜

차), 걷기 힘들 정도로 빼곡한 사람들과 이들을 노리는 호객꾼들, 게다가 카스트제도의 최상위층인 것만 같은 위풍당당 소들까지, 이 모든 것들이 북새통을 이뤘다. 어디 이뿐인가. 바닥엔 쓰레기가 지천이었고 소가 싸질러 놓은 똥 냄새가 퀴퀴한 매연 냄새와 함께 뒤섞여 숨을 쉴 때마다 아주 고역이었다. 그야말로 혼돈 그 자체였다.

빠하르간지에 들어설 때 여행자 대부분이 마주하게 되는 말 중 하나는 "너는 지금 빠하르간지로 들어갈 수 없어."로 시작하는 말일 것이다. 그 뒤의 이유는 제각각이다. 폭탄 테러가 일어났다느니, 공사 중이라느니, 사기꾼들 모두가 득달같이 달려들어 각기 다른 이유를 내밀며 설렘 가득 찬 여행자들을 어떻게든 벗겨 먹으려 하기 때문이다.

이곳 빠하르간지를 한 바퀴 돌고 시작하는 것은 제법 난이도 높다는 인도 여행에서 갖은 눈탱이와 뒤통수를 맞지 않기 위한 속성 과외를 받는 것과 다름없다. 인도의 수도 뉴델리의 빠하르간지를 고작 하루 이틀 둘러본 것으로 인도에 대해 다 아는 듯 논하면 안 되겠지만, 이 모습이 인도의 삶을 대표하는 '인도의 축소판'이지 않을까 싶다.

"오우 코뤠아~ 곤니찌와~"

어깨동무를 하며 내게 접근해온다. 100% 사기꾼이다.

유창한 영어 솜씨로 진지한 척 말을 건넨다.

훈련받은 사기꾼이다.

어느 경찰이 와서 매표소가 이동했다고 한다.

경찰복을 입은 사기꾼이다.

심지어 공항에서도 게이트가 변경되었다고 한다.

투잡 뛰는 사기꾼이다.

미안한 말이지만, 아무 짓도 안 하고 날 쳐다만 보고 있어도 사기꾼처럼 보이는 곳이 바로 인도다. 사기를 치다 걸려도, 고개를 좌우로 까딱까딱 흔들고, "노 프라블럼"을 외치며, 히죽 웃는다. 무안함이라곤 1도 찾아볼 수 없다. 이 상황을 접하는 사람은 화가 나다 못해 웃음이 절로 나 버리는 상황에 이른다. 아이러니하게도, 길거리만 거닐어도 혼이 쏙 빠지는 인도엔 도저히 말로는 설명하기 힘든 오묘한 매력이 있다. 분명히 있다. 지금도 다시 가고 싶어 안달이 나 있는 걸 보면 말이다.

어느 여행지나 하나둘 흉흉한 소문은 떠돌지만, 인도는 넘사벽 수준이다.

21세기 현대 사회라는 말이 무색하게 계급제가 사회 밑바탕에 깔려있고 문맹률이 최빈국과 겨루어도 떨어지지 않는 이 나라는 전 세계에 몇 안 되는 핵보유국이며 아시아에서 가장 먼저 화성 탐사에 성공했다. 참 알다가도 모를 나라다. 말 그대로 인도 관광청의 홍보 슬로건인 '인크레더블 인디아'다. 도대체 인도에선 무슨 일이 있었던 걸까?

인도, 아그라
로마에 가면 로마법을 따르라

타지마할과 아그라 요새를 둘러보기 위해 하루를 대절한 오토릭샤 기사에게 인도 전통 옷을 구매하고 싶다고 하니, 나를 시장으로 안내해주었다.

인도의 5월은 매우 뜨거웠다. 한낮 기온은 40도를 훌쩍 넘겼고, 밤에도 30도를 웃도는 날씨가 지속되었다. 덥다는 느낌보다 살아야겠다는 생각이 먼저 들 정도였다. 인도에 와서야 인도의 연중 가장 더운 달이 5월이라는 것을 알고 말았다. '계절의 여왕', '꽃피는 5월'이라는 말은 이곳에선 통하지 않는 수식어였다. 날씨가 이렇다 보니 아그라에서는 한국에서 챙겨온 옷 중 반소매를 제외하곤 감히 꺼내어 입을 수 없었다. 그나마 가져온 두 벌의 반소매마저도 밖에 나간 지 한 시간도 채 되지 않아 육수로 범벅이 되었다. 무언가 대책이 시급했다. 동남아에서 으레 코끼리 바지를 사 입듯이 여기서도 휘뚜루마뚜루 입을 수 있는 옷이 필요했다.

"마이 프렌드, 구경해 봐. 싸게 줄게~"

"마이 프렌드~ 뭘 찾고 있어?"

"트래디셔널한 인디안 스타일 옷 하나 사고 싶어."

시장 초입에 들어서자마자 먹잇감을 발견한 상인들이 여기저기서 접근해왔고, 그중 제일 적극적으로 어필하는 상인의 옷을 하나둘 둘러보고 있었다.

"그러지 말고 여기로 와 봐. 좋은 물건이 있다고."

"마이 프렌드~~ 오우 코뤠아~ 이건 핸드메이드 실크로 만들었어."

"헤이 헤이! 굿 프라이스~ 컴컴"

"마이 브라더~"

이미 상인을 찜하고 물건을 고르는 와중에도 이웃 노점의 상인들은 내게 계속해서 추파를 던졌고, 나를 둘러싼 그들의 손님 쟁탈전은 단번에 끝나지 않고 계속 이어졌다. 웬만해선 무시하고 넘어가겠는데 무분별한 호객행위가 지속되어 옷에 집중할 수 없을 정도가 되자 그만 짜증이 솟구치고 말았다. 에라 모르겠다. 눈에는 눈, 이에는 이다.

　　"그래? 이 사람은 1,200루피라는데 넌 이 옷 얼마에 파는
데?"

　　"디스카운트해서 800루피에 줄 수 있어"

　　"800루피래. 그럼 넌?"

　　"… 750루피까지는 해줄 수 있어. 더는 안 돼. 이건 굉장
히 합리적인 가격이라고"

"오케이 넌 얼마에 줄 수 있어? 또 다른 사람은? 애니 바디?"

"오 노~! 더는 안 돼"

"700루피!"

"700루피? 오케이 콜."

짜증이 솟구친 나머지 나란히 펼쳐진 노점 간에 공개 가격 경쟁을 붙이고 말았다. 그 결과 이 정도까지 깎을 생각은 없었지만, 생각했던 것보다 훨씬 저렴한 금액에 인도 전통의 상인 쿠르타를 살 수 있었다. 우리나라였다면 양쪽에서 육두문자는 물론이거니와 잘못하면 주먹까지 날아올 법한 상도덕에 어긋나는 행동이었다. 그런데 어쩌겠는가. 로마에 가면 로마법을 따라야 하듯 여긴 인도였을 뿐이다.

인도, 바라나시
삶과 죽음이 공존하는 곳

전날 신청해놓은 보트 투어를 위해 일출 시간에 맞춰 가트 (갠지스강변을 따라 늘어서 있는 돌계단)로 향했다. 투어 인원을 기다리면서 보트투어에 포함되어 제공된 짜이를 홀짝였다. 가트에는 새벽부터 빨래하는 사람, 목욕하는 사람, 기도하는 사람, 저마다의 하루를 위해 양동이에 물을 퍼 담는 사람들로 분주했다. 지금 마시고 있는 짜이도 갠지스강물로 끓였으리라 짐작해본다.

갠지스강 한편에는 곧 태워질 시신이 하얀 천에 덮인 채 순서를 기다리고 있었다. 바라나시 사람들에겐 그저 평범한 일상이었다. 그 어떤 곳에서도 슬픈 분위기가 느껴지지 않았다.

가트에 오가며 광주리에 꽃을 수북이 담아 놓고 디아를 파는 꼬마들이 많았다. 디아는 가운데에 초와 주변으로 꽃들을 담은 작은 접시로, 사람들은 디아에 촛불을 밝히며 소원을 담아 강물 위에 띄워 보내고 있었다.

보트를 타기 전 디아 1개를 샀다. 그리곤 조심히 감싸들고 갠지스강에 올려놓았다. 디아는 새벽녘 피어오르는 안개를 따라 천천히, 천천히 사라져갔다.

오늘도 무수히 많은 인도인의 삶과 죽음이 한데 얽힌 갠지스강에는 수많은 사람의 소망을 안은 디아가 강물을 따라 유유히 떠내려간다.

인도, 라다크
어른이 된다는 것

학생 시절이 참 좋았다. 뭘 해도 '학생'이라는 울타리 안에선 용서가 되었기 때문이다.

어른이 되어 수많은 책임감을 어깨에 짊어진 지금, 그래도 돈을 벌게 되어 좋은 게 하나 있다. 마음만 먹으면 "우와" 감탄사를 연발하며 보던 영화 속 그 장소를 직접 가 볼 수 있다는 것. 물론 마음만 먹고 행동에 옮기는 게 쉽진 않겠지만.

어른이 된다는 것.

제법 괜찮다.

인도, 라다크

인도, 라다크

어머니께

어머니,
아들입니다.

어렸을 땐 그렇게 엄마 품속을 떠나기 싫어했던 마마보이가 이렇게 틈만 나면 밖으로 나다닐 줄 상상이나 하셨겠어요?

군대를 갓 제대한 23살, 영어 공부하겠답시고 처음으로 건너간 이역만리 호주 땅에서 뇌출혈로 쓰러졌다는 아들 소식을 전해 들으셨을 때, 얼마나 놀라셨어요. 머나먼 타국이라 발만 동동 구르고 계셨을, 걱정 많은 우리 어머니 생각이 제일 먼저 나더라고요. 혹시라도 아들이 잘못될까 봐 눈물로 밤을 지새우시며 3,000일 같은 300일은 보내셨을 테지요. 호주에서의 시련은 너무나 당연하다고 느꼈던 것들의 소중함을 깨닫게 해주었죠. 떠나있는 동안 나의 아픔에 나보다 더 아파

하고, 나보다 더 나를 걱정해준 어머니 덕분에 마음껏 행복할
수 있었어요.

감사합니다. 평소에 장난스럽게 애정 표현은 잘하는 아
들이지만, 그때의 이 말은 가슴 속 깊이 묻어놓은 채 하지 못
했네요.

어머니는 아들 잘 키우셨어요.

말도 통하지 않는 곳에서 자전거 사고가 나도 경찰에게
버럭버럭 따져가며 보상받은, 덩치 큰 유럽인들 사이에서도
기죽지 않는 아들이거든요.

어머니, 그거 아세요?

인도는 참 특이해요. 1시간 뒤에 도착한다는 기차가 6시
간이 지나서야 도착하더라고요. 그리고 12시간 걸린다는 기
차가 18시간 걸려 목적지에 도착했어요. 인도는 이래요. 아참,
인도 기차는 밤이 되면 침대로 변신해요. 그것도 3층 침대로
말이죠. 저는 3층으로 올라가 배낭을 베개 삼아 누웠어요. 1
평 남짓한 공간엔 3층 침대가 2개, 그러니까 6명이 닭장처럼
누워있었어요. 심지어 1칸을 2명이 나눠 쓰는 사람도 있어요.
그렇게 1평에 10명이 18시간을 누워 갔어요. 인도라서 그런가
보다 했어요.

어머니, 그거 아세요?

80일간 튀르키예에서 굶고 다닌 적 한번 없었어요. 어머니가 제 책을 읽고 상상하신 그 이상으로 하루하루 융숭한 대접 받으며 다녔어요. 믿기지 않으시겠지만, 어느 날은 고백도 받았죠. 이런 저를 만들어주신 어머니, 아버지, 다시 한번 감사의 말씀 올립니다.

어머니, 저는 금수저예요.

영석이형, 태훈이형과 말레이시아 쿠알라룸푸르에 갔을 때 '돈과 명예 중 무얼 택할 텐가'에 대해 이야기를 나눈 적이 있어요. 저는 현재의 행복한 나와 내 가족은 돈으로 이루어진 게 아니기 때문에 명예라고 답을 했어요. 돈과 명예보다 소중한 저의 행복은 묵묵히 집안일과 바깥일을 두루 해주시는 어머니가 계셨기에 가능한 것이었어요. 이런 어머니를 둔 저는 금수저예요.

어머니, 저는 다시 한번 금수저예요.

수능을 치르고 나서, 넉넉지 않은 가정형편이라 스스로 판단해 경제적으로 자립해보겠다고 마음먹었어요. 숯불 갈빗집, 삼계탕 전문점, 패스트푸드점, 패밀리레스토랑까지 알바란 알바를 모두 섭렵하며 투잡, 쓰리 잡을 뛰었죠. 덕분에 그때의 고생과 경험이 자양분이 되어 지금은 부지런하고 넓은 시야를 가진 어엿한 어른이 되었어요.

아, 지금에서야 고백할게요. 공부하라고 보낸 제주도에서 야간 편의점과 승마장 일도 몰래 했어요. 말똥도 치우고, 관광객들이 탄 말을 끌고 말이죠. 음, 스쿠터도 장만해서 몰래 타고 다녔어요. 어머니가 아셨다면 놀라 자빠지셨겠죠. 아니면 알고서도 모른 척해주셨을라나요.

첫 책을 냈을 때, 재미도 없던 책을 돋보기안경 쓰시고 수어 번 읽고 또 읽고 하시던 어머니. 그럴 때면 방으로 들어와 어머니가 어떻게 읽으실까, 어머니가 재밌어하실까 생각하곤 했죠. 이제는 TV 프로그램에 유명 여행지가 나오면, "네가 간 곳 아니냐.", "책 보니까 튀르키예 어디 지역에서는 저런다더라."라고 말씀하시곤 하죠.

어머니, 그거 아세요?
제가 왜 광주로 내려왔는지.
어른이 되고 나서 7년 동안 지구 방방곡곡을 누비며 나 잘난 맛에 살다가 어느 순간 내 사람들이, 가족이 그리워지더라고요. 그때 꼭 광주로 내려가리라 다짐했었어요. 그리고 나 혼자만 누렸던 여행의 재미를 우리 가족과 함께 나누기로 마음먹었어요. 제주도, 일본, 베트남, 사이판, 그렇게 1년에 한 번씩 여행을 떠났잖아요. 정말 행복해 보이셨어요. 우스갯소리로 가끔 하던 말이지만 "고기도 이가 있을 때 씹어야 제맛이다."라던 그때 그 아저씨의 말씀처럼, 우리 가족의 앞날에는 여기저기 주워 담을 행복들이 많으니 꼭 오래오래 건강하셔야 해요.

미국. 사이판

중국, 상하이
이유는 말해줄 수 없어

"음… 튀르키예 갔다 왔어?"

"응! 3달 여행했어!"

"이집트도 갔군."

"응! 자 봐봐. 여기 보면 입국 도장이랑 출국 도장이 찍혀 있어."

"우리나라에 한 번 왔었네?"

"응. 작년에 한 번."

옆줄에 선 여행객들은 무탈하게 입국심사를 통과하는 반면 유독 내게만 시시콜콜한 질문들이 줄곧 이어졌다. 내 여권을 차근차근 살펴보며 질문을 건네던 출입국 관리직원은 어딘가로 전화를 걸어 이야기를 나누더니 이내 끊었다.

"잠깐 나 좀 따라와."

그가 안내한 곳은 다름 아닌 유치장이었다.

"엥??? 갑자기 뭔데? 무슨 문제라도 있어?"
"이유는 말해줄 수 없어."

그렇게 나는 설렘 가득한 여행 첫날, 영문도 모른 채 상하이 공항 내에 은밀히 위치한 유치장에 감금(?)되었다. 유치장 안에는 흑인 청년 한 명이 코를 씩씩 불며 중국 공안들의 부모 안부를 물어가면서 온갖 욕을 해대고 있었다. 경유지라 비자가 필요 없었고(제3국을 목적지로 중국을 경유할 때 상하이에서는 최대 6일까지 무비자로 경유가 가능하다.) 사회생활을 하면서 범죄를 저지른 적이라곤 더더욱 없었기 때문에 아무리 생각해봐도 이곳에 가둬진 상황이 도저히 납득이 가지 않았다.

째깍째깍 초침 소리가 귓속 가득히 울려올수록 내 마음은 초조해져만 갔다. 감금이 무서워서라기보다 입국장에서 만나기로 한 여행 메이트 영석이형과 태훈이형이 한 없이 나만 기다리고 있을 것 같았기 때문이다. 이번 여행의 제안부터 일정 계획, 모든 예약까지 내가 도맡아 했기 때문에 입국장에서 기다릴 그 둘은 나 없인 깜깜부지 여행객일 것이 분명했다. 환전한 돈도 전부 나에게 있었고 당장 오늘 머무를 숙소도 오직 나만 알고 있었다. 그야말로 패키지여행에서 가이드가 나타나지 않고 있는 셈이었다.

초조해 똥줄을 타고 있을 무렵, 공안은 나를 호출했다. 속으로 '그렇지~ 짜식들. 진작 그랬어야지. 전산 오류라도 생겨서 지연된 거라고 좋게 생각해야겠다.'라며 그들의 사과는 기분 좋게 받아줘야겠다고 마음을 먹었다.

"이봐. 너는 우리나라를 여행할 수 없어. 곧장 네 나라로 돌아가든지 제3국으로 떠나야 해."

"이게 무슨 말이야 대체? 이유가 뭔데?"

"이유는 말해줄 수 없어. 출국장으로 안내해줄게."

나름 산전수전 다 겪으며 수많은 여행 경력을 지녔다고 자부했으나, 처음 겪어보는 '입국 거부'과 '추방'의 콤비네이션에 그저 어안이 벙벙했다. 결국 나는 그 어떤 마땅한 이유를 듣지도 못한 채 상하이 땅 한 번 제대로 밟아보지 못해보고 제3국 일본 나고야로 향하는 비행기에 올랐다.

후일담

① 아마 전에 동티베트 오명불학원(외국인 출입 금지구역) 출입 시도 당시 외국인임이 탄로 나 여권을 한 차례 빼앗긴 적이 있었는데, 그것 때문이지 않나 추측해본다.

② 나고야로 출국 전, 공안에게 사정사정하여 겨우 여행 메이트를 만나 무사히 환전한 돈과 첫날의 숙소 정보를 인계하고 출국했다. 이틀 뒤, 여행 메이트 둘은 내가 있는 나고야로 날아와 남은 여행을 함께 했다.

아이슬란드, 레이캬비크

조식 도둑

"지금 보는 사람 없지? 확실하지?"

"응, 지금이야. 빨리빨리!"

"돼지야, 제발 그만 좀 넣고 가자!"

아이슬란드를 여행하는 매일 아침, 우리는 조식 훔치기 비밀 작전에 들어갔다. 누가 보면 세 얼간이가 아침 댓바람부터 콩트를 찍나 했을 테지만, 우린 하루하루가 진심을 담은 실전이었다. 조식으로 나온 식빵과 소시지는 우리의 온갖 주머니에 욱여넣어졌다. 아침마다 실시된 우리만의 비밀 작전은 빠듯한 경비를 넘기지 않기 위한 찌질한 몸부림이었다.

아이슬란드의 물가는 그야말로 '억' 소리가 날 정도였다. 마트에 진열된 피자 한 조각에 콜라를 곁들이기 위해서는 만원으론 어림도 없었고, 길거리 푸드 트럭에서 파는 피쉬앤칩스가 3만 원 가까이했다. 기념품 상점에 따뜻해 보이는 스웨터가 있어서 태그를 들춰보니 가격이 20만 원이 훌쩍 넘어갔다. '0' 하나를 잘못 봤나 눈을 씻고 다시 봐도 분명 20만 원이 넘는 금액이었다. 외식은 인당 10만 원은 우습게 넘어갈 것 같았기 때문에 감히 엄두도 낼 수 없었다. 이런 물가 사정으로 우리가 생각해 낸 전략은 숙소를 무조건 뷔페식 조식이 제공되는 곳으로 예약하고, 아침을 먹으면서 점심 도시락까지 슬쩍 싸 오는 방법이었다. 스위스와도 비교가 안 되는 물가수준을 자랑하는 아이슬란드에서 경비는 조금이나마 절약할 수 있었지만, 뒤통수에서 느껴지는 따가운 시선은 우리가 견뎌야 할 몫이었다.

아이슬란드. 스카프타펠

아이슬란드, 비크
오로라 헌팅

오로라, 이 녀석이 도대체 뭐라고 오늘도 나는 이 녀석을 찾아 지구의 최북단 아이슬란드에서 운전대를 잡고 있었다. 오늘의 목적지만을 정한 채, 내일의 목적지는 어디일지, 정해진 건 아무것도 없었다. 오로라가 더 잘 보일 수 있는 곳이라면 그곳이 목적지이자 우리의 보금자리였다. 새파란 하늘에 시시각각으로 변하는 하얀 구름, 그 구름 사이로 눈보라와 폭풍우가 몰아치고, 해가 뜨고 지는 걸 바라보면서 렌트카를 몰았다. 변화무쌍한 날씨 그 자체였다.

한겨울을 향해가는 아이슬란드의 낮은 무척 짧았다. 오전 10시가 넘어야 해가 서서히 떠올랐고, 오후 4시만 되면 캄캄해지기 시작했다. 상점들은 대부분 저녁 5시가 채 되기 전에 문을 닫았으며, 숙소에 들어오는 시간도 그만큼 빨랐다. 24시간의 하루가 반 토막 나버린 것만 같아 적잖이 당황스러웠다. 그만큼 이동할 수 있는 시간이 줄어들었기 때문이다.

출국하는 당일까지 우리가 가는 도시 이름도 모르는 형들을 이끌고, 무작정 오로라를 볼 수 있다며 여기로 인도했던 나는 두 어깨가 무거워져만 갔다. 사실 아이슬란드에 오기 전부터 오로라를 보기 위해 열심히 인터넷을 뒤적여가며 연구했지만, 내린 결론은 아이슬란드에 간다고 다 오로라를 볼 수 있는 건 절대 아니라는 것이었다. 구름이 없는 맑은 날씨를 비롯한 광공해가 없는 환경, 오로라 대가 지나가는 지역 등 삼박자가 맞아야만 오로라를 볼 확률이 높아진다는 걸 깨달았다.

눈보라가 몰아치는 눈길을 헤치고 하루에만 수백 km를 이동하며 오로라 헌터가 되어 매일같이 오로라를 찾아 나섰다. 새벽마다 오로라를 보겠다고 며칠째 잠 못 이뤘다. 오늘은 어느 지역이 좋을지 오로라 관측 앱(오로라 관측 가능성을 지수로 알려주는 앱)을 깔아 시도 때도 없이 오로라 지수를 확인했다.

어제보다 오늘 밤은 오로라 지수가 별로였다. 별 기대가 되지 않았지만, 그나마 오로라 지수가 가장 높다는 새벽 두시 반에 알람을 맞춰놓았다. 깜깜한 새벽, 알람 소리에 깬 영석이형과 나는 주섬주섬 외투를 챙겨 입고 졸린 눈을 비비며 무의식적으로 밖으로 향했다. 그런데 웬걸? 전혀 기대하지 않았던 오로라가, 그것도 어마어마한 녀석이 밤하늘을 뒤덮은 채 춤을 추며 우릴 격하게 반겨주고 있었다!

"태훈이형! 빨리 나와봐! 춤추는 오로라야!"

영석이형과 나는 하늘을 바라보며 연신 탄성을 터뜨렸다. 마치 딴 세상에 온 것만 같았고, 금방이라도 빨려 들어갈 것만 같았다. 오로라는 왜 이제야 나왔냐며 우릴 환영한다는 듯이 무음의 노래 박자에 맞춰 넘실댔다. 서서히 움직이던 오로라는 어느 순간 온 하늘을 뒤덮으며 빠르게 퍼져나가 더욱 격렬히 춤을 췄다. 그 빛은 초록색이었다가 보라색이었다가 금세 형광색이 되었고, 우리는 선물 같은 빛의 향연에 완전히 압도되고 말았다.

우리 셋은 자꾸만 서로의 얼굴을 번갈아보며 새어 나오는 웃음과 황홀함을 감추지 못했다. 세상을 다 가진 듯했던 밤, 우리는 모두 오로라에 취하고, 위스키에 취해 잠을 잊었다.

아이슬란드, 요쿨살론
위스키 온 더 락

"치얼스-!"

비현실적인 풍경을 안주 삼아 수천 년 생명을 이어온 빙하를 담은 위스키 한 모금을 삼켰다.

기분 탓일까? 빙하 조각의 나이처럼 영겁의 세월이 스며들어있는 맛이었다. 내 여행 버킷리스트가 하나 지워지는 순간이었다.

아이슬란드. 스카프타펠

230

선택 받은 놈

형들의 짐을 찾고 같은 비행기에 타고 있던 사람들이 모두 짐을 찾아간 후에도 나의 짐은 도무지 나올 생각이 없어 보였다. 사무실로 찾아가 물어보니 실수로 내 캐리어가 아이슬란드 레이캬비크 공항에서 실리지 않은 것 같다며 짐을 찾는 대로 헬싱키의 머무는 숙소로 보내주겠다고 한다.

"우리는 내일 여기를 떠나야 한다고!"
"그럼, 한국 주소를 적고 가. 그쪽으로 보내줄게."

이 당당함은 뭐지? 항공사 직원은 간단한 세면도구가 든 키트를 건네주며 우리를 돌려보냈다.

귀국한 지 2주 뒤, 내 캐리어는 광주의 우리 집으로 무사히 도착했다.

2년 전 라스베이거스 공항에서도 그랬듯 내 캐리어는 유독 나와 잘 헤어져 버린다. 그것도 출국길이 아닌 한국으로 돌아오는 비행기에서만 말이다. 여행이 끝나서 아쉬워하는 주인의 마음을 알아차렸는지, 자기가 대신 남아 더 여행하고 싶었나 보다.

　　'아 근데 왜 맨날 나한테만 이런 일이 생기냐고!'

스위스. 루체른

스위스, 에이글

여행지의 주제곡

여행과 음악은 치킨과 맥주처럼 떼려야 뗄 수 없는 관계다. 평소 음악에 조예가 깊다거나 확실한 취향이 있는 건 아니지만 여행을 갈 때면 유독 그때의 상황과 감성에 따라 그 여행지에서만 집중적으로 듣게 되는 노래들이 생긴다. 지극히 개인적인 견해와 관점에 근거해 만들어진 플레이리스트라서 타인의 공감을 끌어내기는 어렵겠지만, 나에겐 다녀온 여행지마다의 주제곡들이 있다.

자전거와 함께한 대만 여행의 주제곡은 부가킹즈의 '여행길'이었다. "나를 찾아 떠나가리오, 산을 넘고 강을 건너가리오", "끝없이 이어진 저 철길 따라 기타를 메고 떠나는 여행길~"이란 노래 가사처럼, 그 적절한 가사에 힘을 얻어 창문 없는 기차를 모는 기관사가 되어 꼬불꼬불 굽이치는 대만의 산비탈을 넘어가곤 했다.

시드니 하면 제일 먼저 떠오르는 건 달링하버의 오페라하우스도, 유칼립투스가 천지인 블루마운틴도 아니었다. 생뚱맞게도 현아의 '트러블메이커'였다. 앨범 출시일이 내가 시드니에 있었을 때라는 것 말고는 왜 이 곡에 꽂혔는지는 도무지 이성적으로는 설명이 되지 않는다. 굳이 의미를 꿰맞추자면 시드니에서의 절반은 병상에 누워있을 때라 핸드폰으로 하루 종일 이 노래를 틀어놨다는 것과 오직 "트러어어어블 트러블! 난 트러블 메이커!" 라는 한 줄의 가사가 내가 처한 상황과 모순되면서도 묘하게 맞아떨어졌다고 해야 할까? 그래서 시드니 하면 제일 먼저 떠오르는 게 '트러블메이커'란 노래고, 이 곡을 생각하면 제일 먼저 떠오르는 게 시드니라는 이상한 공식이 생겨났다.

아이슬란드에서는 꽤 여러 곡이 재생되었다. 폭설로 인해 한 치 앞이 보이지 않을 땐 호주의 로큰롤 밴드 AC/DC의 'Highway to hell'을 재생시켰고, 경외감이 드는 대자연 앞에 선 한 없이 작아지는 인간이 감히 자연에 맞서는 느낌이 물씬 드는 앨런 워커의 'Alone'을 선곡했다. 이 밖에도 아비치와 앨런 워커의 노래들이 지구가 아닌 듯했던 아이슬란드에서 나의 설렘을 배로 만들어주었다.

여행지에서의 주제곡은 여행을 다녀온 후에도 그곳에서의 추억을 박제하기 위해 만든 여행 영상의 배경음악이 되어 마지막까지 제 맡은 역할을 톡톡히 한다. 바쁘게 굴러가는 일상의 쳇바퀴 안에서 그때와 그곳이 그리워질 때면 여행지의 주제곡을 찾아 주구장창 듣곤 한다. 어디선가 우연히 그 노래가 들려올 때면 자동으로 설레었던 여행의 기억이 하나둘 소환된다. 심지어 그곳의 냄새까지도.

남아프리카공화국, 케이프타운
여행 메이트

아프리카라는 대륙은 언젠가는 꼭 가보고 싶었던 로망의 대륙이었지만, 직장을 다니는 내겐 시간을 내어 가기 쉽지 않은 장소였고, 무서운 여행지라는 이미지에 선뜻 용기가 나지 않아 막연한 여행지 후보 중 하나로만 남아있었다. 그러던 와중 아프리카에 가야겠다고 결심한 순간은 조금 뜬금없었다. 인터넷에서 우연하게도 '악마의 수영장'이라 불리는 빅포리아 폭포 앞에서 절권도 자세를 취하고 있는 어느 외국인의 사진을 본 순간, 내 심장이 자제하지 못하고 쿵쾅거리기 시작했다. 그 사진을 보고 나서부터 머릿속엔 온통 아프리카 생각뿐이었다. 일을 하다가도 악마의 수영장에서 수영하는 내 모습을 상상하게 되었고, 틈만 나면 아프리카 항공권 검색을 하는 나를 발견했다. 그러던 어느 날, 사자와 함께 초원을 거니는 꿈을 꾸다 잠에서 깨고 말았다. 이젠 운명처럼 그곳에 가야겠다는 생각이 들었다.

아침 댓바람부터 나의 여행 메이트 영석이형과 태훈이
형에게 통보나 다름없는 제안을 던졌다.

"우리 10월에 아프리카 갈래?"

"거기 셋이 가면 둘이 돌아오는 거 아냐?"

"2/3 확률이면 생각보다 안전한 듯!"

"얼마면 돼? 계좌 불러."

    그로부터 반년 후, 나는 정말로 아프리카 대륙에서 덥수룩한 갈기를 가진 라이온킹……은 아니지만, 그래도 한 대 맞으면 꽤 매울 것 같은 앞발을 가진 어린이 사자와 함께 산책하고 있었다.

    적어도 여행에 있어서는 아무런 의심 없이 나를 믿고 따라와 주는 여행 메이트가 둘씩이나 있다는 것. 그것 자체로 난 행운아다.

보츠와나, 쵸베 국립공원
게임 드라이브

"여기 봐봐! 코끼리 무리야!"
"저기도 있어!"

사방에서 동물들이 쏟아졌다. 동물원 한가운데 떨어진 듯했다. 기린 가족이 아카시아 나무 위로 얼굴을 빼꼼히 내밀며 우리를 반겨주었고, 수많은 코끼리 떼가 잠베지강에 몸을 담근 채 더위를 식히고 있었다. 우아한 자태를 뽐내는 얼룩말 무리는 한 폭의 그림과도 같았다.

쵸베 국립공원에서 어딜 가나 가장 쉽게 눈에 띄는 임팔라, 톰슨가젤, 얼룩말, 기린은 이제 식상해지기까지 했다. 우리가 찾는 건 오직 빅5.(빅5는 사자, 코끼리, 코뿔소, 표범, 버팔로를 칭한다.) 사실 한 번의 투어에서 빅5를 모두 보는 건 굉장히 드문 일이라 했지만, 드라이버는 우리 마음을 읽었는지 조금이라도 더 많은 동물을 보여주기 위해 무전기로 그들 끼리 교신을 주고받으며 동분서주 차를 몰았다.

우리는 국립공원 내의 캠핑장에서 하루를 머물며 총 이틀간 야생동물을 탐험하는 1박 2일 게임 드라이브 투어를 신청했다. '게임 드라이브'란 국립공원 안에서 특수 개조된 지프 차량으로 오프로드를 누비며 야생동물을 탐험하는 투어인데, 아프리카에서 '게임'은 '동물'이라는 개념으로 통용되고, '드라이브'는 말 그대로 '운전'이라는 뜻이다. 그래서 현지에서는 야생 동물을 탐험하는 투어를 '게임 드라이브'라고 표현한다.

오프로드에서 하는 게임 드라이브에는 꽤 큰 육체적 고통이 수반되어야 했다. 비포장도로도 아닌 자연 그대로의 지형인 탓에 울퉁불퉁한 바닥에서 오는 충격을 온전히 엉덩이로 흡수해야 했으며, 그 덜컹거림은 이제껏 느껴본 그 어떤 차량의 승차감과도 격이 달랐다. 행여나 창문 없이 상단이 개방된 지프 차량 밖으로 몸뚱어리가 튕겨 나갈까 봐 철제봉을 두 손으로 꼭 움켜쥐었다. 빅5 중 아직 보지 못한 사자와 표범을 겨냥하기로 한 드라이버는 먹잇감을 찾아 나선 맹수와도 같이 흙먼지를 날리며 사정없이 광활한 국립공원을 질주했다.

어물어물 해가 넘어갈 무렵, 내일을 기약하고 캠핑장으로 돌아가야 하나 싶었는데 갑자기 드라이버의 어깨에 달린 무전기가 시끌벅적해지기 시작했다. 무언가 나타난 게 틀림없어 보였다. 우리를 포함한 주변의 지프 차량들은 죄다 한곳으로 우르르 몰려갔다.

"저기 사자가 있어!"

아아… 암사자 무리였다. 하나둘 셋 넷… 무려 열 마리는 족히 넘어 보였다. 등잔 밑이 어둡다고 했던가. 우리가 그토록 찾아 헤매던 사자는 그리 먼 곳에 있지 않았다. 덤불에 가려 그냥 지나쳤을 뿐이었다. 코끼리, 버팔로 무리보다는 확연히 크기가 작은 사자이지만, 녀석들에겐 '밀림의 왕'이라는 별명답게 왠지 모를 포스가 뿜어져 나오고 있었다. 사자들이 놀라 자리를 뜰까 봐 모두 애써 목소리를 누르고 있었지만, 감출 수 없는 흥분이 각자의 표정에서 드러났다. 숨을 죽이고 그들의 움직임을 하나하나 눈에 담았다. 모두의 스포트라이트를 받고 있던 암사자 무리 주변엔 수사자 한 마리가 외로이 배회하고 있었다.

　　때마침 초원의 하늘은 지는 태양으로 붉게 물들어 가고
있었다. 드라이버는 센스 있게 핸들을 틀어 유유히 걸어가는
사자와 지평선 너머로 지고 있는 태양을 한눈에 담게 해주었
다. 영화 라이온 킹의 한 장면 같았다. 사자 무리와 석양의 콜
라보는 '자연은 경이롭다'라는 내셔널지오그래픽의 문구가
허구가 아님을 증명하기에 충분했다.

잠비아, 리빙스톤
악마의 수영장

수심이 서서히 깊어지다가 이내 발이 닿지 않은 곳까지 이어졌다.

"여기서부터는 수심이 깊어져 수영해서 가야 해요. 물살이 세니 조심하세요."

저 앞에 보이는 수영장까지 가기 위해서는 빠른 물살을 이겨내고 헤엄을 쳐서 가야 했다. 물살을 못 이기고 떠밀려 간다면? 잠베지강물과 함께 108m 절벽 아래로 곤두박질치겠지. 생각만 해도 아찔했다.

악마의 수영장. 이보다 더 어울리는 이름이 있을까 할 정도로 기가 막힌 작명이다. 악마의 수영장은 세계에서 가장 긴 폭포인 잠비아와 짐바브웨의 국경을 가로지르는 빅토리아 폭포 절벽에 형성된 천연 수영장으로, 건기에 해당하는 8월에서 이듬해 1월까지만 들어갈 수 있다. 워낙 위험하다 보니 하루에 들어갈 수 있는 인원도 정해져 있다. 구글에서 본 사진 한 장에서 비롯되어 우리가 아프리카에 온 가장 큰 이유이기도 했다.

가이드가 앞장섰고, 엄마 오리를 따라 한 줄로 쪼르르 따라가는 아기 오리들처럼 한 명씩 한 명씩 밧줄을 잡고 건너기 시작했다. 나 역시 숨을 깊게 들이마시고 머리를 수면 아래로 담갔다. 밧줄을 생명줄 삼아 힘껏 발을 차고 나갔다. 어느덧 끝에 다다랐는지 아등바등하던 다리가 지면에 닿았다.

저 멀리서만 봤을 때는 '가까이 가면 얼마나 무서울까'라는 생각이었는데, 막상 악마의 수영장에 들어와 보니 108m 낭떠러지가 코앞이라는 게 체감이 되지 않을 정도로 아늑하고 평온한 공간이었다. 용기를 내어 몸을 폭포 절벽 쪽으로 기울여보았다. 자욱한 물안개 너머로 고상한 쌍무지개가 샤랄라 나를 반겨주고 있었다.

눈앞에 펼쳐진 숨이 멎을 듯 탁 트인 광경, 바로 옆 사람의 말소리조차 들리지 않을 정도의 천둥소리 같은 굉음, 초당 수만 톤의 물줄기가 바닥을 찍고 108m를 튀어 올라와 흩뿌려지며 생기는 물안개 미스트. 대자연은 아프리카에 잘 왔다며 우리에게 천연 4D 영화관을 선사해주었다.

인천공항, 대한민국
긍정적 마인드

만반의 준비를 마쳤다. 준비물들을 재차 확인했다. '카메라 렌즈, 배터리 완충, 상비약, 선글라스, 비상금…' 빠진 거 하나 없이 완벽하군. 몸뚱이는 아직 사무실 한켠인데, 마음은 이미 지구 반대편 카리브 해를 항해하고 있었다. 일이 도무지 손에 잡히질 않았다. 마음 같아선 반차를 내고 당장이라도 공항으로 달려가 면세점 냄새라도 맡고 싶은 지경이었다.

8일과도 같았던 8시간이 흐르고, 퇴근과 함께 배낭을 꺼내 멘 후 곧장 인천공항으로 향했다. 5시간을 달려 도착한 인천공항의 설레는 공기는 여전했다. 곧장 탑승 수속을 밟기 위해 3층 출국장의 비행기 출도착 스케줄이 나와 있는 전광판을 훑었다. 그런데 내가 탈 멕시코시티행 항공편이 눈 씻고 찾아봐도 도저히 보이질 않는 것이었다. 전광판 상의 단순 전산 오류라고 하기에는 인천공항의 위상은 세계에서 단연 최고로 손꼽히기에 의심하고 싶지 않았다.

"저기, 제 비행기가 12시 30분 출발인데, 전광판에는 나타나질 않더라고요. 혹시 티켓을 발권하려면 어디 구역으로 가야 하죠?"

"어라 고객님, 고객님 항공편은 오늘 밤 12시 30분이 아니라, 내일 낮 12시 30분이시네요?"

"네……???!"

그렇다. 12시 30분 비행기를 00시 30분으로 착각하고 무려 15시간 전에 공항에 와버린 것이다. 전광판의 오류가 아니라, 내 뇌의 오류였다. 드디어 쿠바에 간다는 사실이 며칠 전부터 내 정신을 온통 헝클어뜨려 놓아버렸다.

휴, 그래도 15시간 후에 와버렸으면 어쩔 뻔했어.

짜식 대견하다.

쿠바, 아바나

쿠바, 아바나
일상이 당연하게 느껴진다면

설렘 가득하던 여행 초반의 낯선 경험들도 몇 번씩 반복하다 보면 슬슬 식상해지기 마련이다. 나에겐 유럽이 딱 그러했다. 처음 중세 시대의 한 장면 같은 체코의 구시가 광장을 마주했을 땐 '우와~ 이래서 사람들이 유럽, 유럽 하는구나.'라며 감탄사를 연발하고 다녔지만, 이도 여러 번 접하다 보니 별다른 감흥도, 설렘도 사라진 지 오래였다. 급기야 건축과 역사에 1도 관심이 없는 내겐 인류의 위대한 문화유산들이 그저 그런 '오래된 건물'로 치부되었다.

그러던 나에게 신선한 충격으로 다가온 곳이 바로 쿠바였다. 다녀와 본 여행자들에 의하면 "코카콜라, 맥도날드, 스타벅스가 없는 곳.", "외부와 단절된 세상.", "과거로의 시간 여행." 등 기존 여행지에서는 들을 수 없었던 온통 신기한 후기투성이였다. 심지어 치안 또한 좋다고 정평이 자자했다.

이렇담 가만히 있을 내가 아니지. 그로부터 몇 달 후, 나는 쿠바행 비행기에 몸을 싣고 있었다.

시작부터 새로웠다. 이곳은 쎄우쎄(CUC)와 페소(CUP), 두 개의 화폐가 존재하고 있었다. 거쳐 왔던 그 어느 나라도 이중화폐를 가지고 있었던 곳은 없었기에 너무나 생소하게 다가왔다. 쎄우쎄는 흔히들 외국인 화폐라 부르고, 페소는 현지인 화폐라 부르는 데 사실 사용하는데 내·외국인 제한은 없다. 다만 두 화폐 간의 가치가 무려 20배 이상 차이 나고, 각 화폐 모두 제 지폐와 동전이 있다 보니 셈하는데 여간 복잡한 게 아니었다. 잔돈으로 쎄우쎄 대신 슬그머니 페소를 주진 않았나 하는 노파심에 익숙해지기 전까진 잔돈을 받은 후

매번 확인하곤 했다. 또한 공산품 수급이 원활하지 않아서 생수와 휴지를 사는 것조차 쉽지 않았다. 슈퍼마켓에 들어가기 위해서는 줄을 서야 했으며, 어렵사리 들어간 상점의 진열대는 텅텅 비어있는 경우가 허다했다. 운 좋게 생수를 발견했다 하면 몇 통은 구비해놔야 심신이 안정되었다.

숙소를 찾아 나선 아바나의 거리에는 파스텔 톤의 낡고 오래된 건물들 사이로 1930년대 서구 영화에서나 볼 법한 올드카들이 시꺼먼 매연을 내뿜으며 지나다니고 있었다. 카리브해 특유의 경쾌하고 흥겨운 리듬이 아바나 거리 어디에서나 흘러나왔고, 강렬한 원색 옷을 입은 탄탄한 몸매의 캐러비안들은 '흥 없는 쿠바노들도 있을까?'라는 생각이 들 정도로 저마다의 몸짓으로 흥을 한껏 표출하고 있었다. 나는 마치 옛날 영화의 한 장면에 들어와 있는 듯한 착각이 들었다. 카메라를 들이대는 어디든 엽서에 나오는 장소 같아 보였고, 어디를 찍어도 화보가 되었다. 오기 전 상상 속에 그렸던 쿠바에 대한 환상은 이곳에 고스란히 실재했다. 첫날부터 나를 완전히 매혹해버린 이 도시의 한 라이브 카페에서 헤밍웨이가 즐겨 마셨다는 다이끼리를 홀짝이며 '과타나메라'를 흥얼거렸다. 마침내 진짜 쿠바에 왔다고 감격했다!

이렇게 매력적인 쿠바에서 단 한 가지 아쉬운 건 바로 인터넷 사용이었다. 개방의 길을 걷고 있다고는 하지만 아직은 폐쇄적인 국가다 보니 호텔, 레스토랑은 물론 길거리 어디에서도 자유롭게 인터넷을 즐길 수 없었다. SNS를 사랑하는 우리나라 사람들에게는 날벼락과도 같은 이야기다. 세계 제일의 인터넷 강대국인 대한민국 국민으로서 쿠바에서 인터넷을 참기란 넘어야 할 가장 큰 산이었다. 인터넷 이용이 완전 불가능한 건 아니다. 쿠바 국영 통신사에서 발행하는 와이파이 카드를 구입해 극히 드문 와이파이존에 가면 비로소 바깥세상의 소식을 접할 수 있었다. 와이파이 존이 어디냐고? 그냥 길 가다 보면 안다. 사람들이 잔뜩 모여 핸드폰만 쳐다보고 있다면 거기가 와이파이 존이다. 그마저도 아주 느려터지거나 끊기기 일쑤이다.

처음엔 똥 마려운 강아지 마냥 불안해서 참을 수 없었다. 나는 스마트폰 중독자임이 확실했다. 습관처럼 시도 때도 없이 터지지 않는 애석한 스마트폰만을 들여다보곤 했다. 여기서 스마트폰은 손목에 찰 수 없는, 들고 다니는 시계에 불과했다. 현실을 인정하고 차차 스마트폰을 손에서 내려놓으니, 비로소 주위가 보이기 시작했다.

저녁 시간대에 맞춰 장을 보는 사람들로 북적이는 시장. 골목 어귀에서 담벼락을 골대 삼아 공놀이하는 아이들. 나를 향해 지긋한 눈빛과 따뜻한 미소를 건네는 2층 테라스의 할머니. 빨래를 탈탈 털어 널고 있는 아주머니와 그 옆에 매미같이 붙어있는 꼬마 아이.

여행 전 우리의 일상 모습이 그대로 담긴 것만 같은 익숙한 평범함이었다. 번화한 대도시였다면 스마트폰에서 눈을 떼지 못하고 걷느라 주위를 살필 여유조차 없었을 텐데, 터지지 않는 스마트폰 덕분에 이곳에선 일상의 평범함을 관찰자의 눈으로 한껏 둘러볼 수 있었다.

하늘을 올려다보았다. 시야에 아무것도 걸리는 게 없는 하늘을 바라본 게 얼마 만이었던가. 새삼스레, 인생은 속도가 아니라 방향이라 외쳐댔던 스무 살의 '권보선'과 고층 건물들 사이에서 앞만 보고 내달려온 엊그제까지의 '권보선'이 머릿속에서 교차하며 떠올랐다.

석양을 한껏 머금은 말레꼰 해변, 올드카와 모히또의 달콤한 낭만도 분명 매력적이었지만 쿠바가 무엇보다 매력적이었던 건 스마트폰의 굴레에서 벗어나 '나'와 '일상'에 대해 다시금 돌아보게 된 계기를 주었기 때문이다.

'여기도 언젠간 변하게 되지 않을까?'라는 생각이 들었다. 현대문물이 물밀듯이 밀려 들어와 도시 여기저기에 대형 전광판과 네온사인이 즐비하고, 스타벅스와 맥도날드가 들어서고, 어딜 가나 와이파이가 빵빵 터지고 말이다. 적당한 때에 이곳에 온 게 나에겐 행운이었다.

퇴근길 인터넷과 편의점이 당연하게 느껴진다면,
쳇바퀴처럼 굴러가는 일상이 지루하다면,
더 늦지 않게 쿠바는 어떨까?

※ 2021.1.1.부로 쿠바의 이중화폐 제도는 단일화폐로 통합되었다.

쿠바, 히론
인생의 쉼표

이렇게 아무것도 안 해도 되나 싶을
정도로 아무것도 안 하고 있다.
뭘 할까 고민하다가 그냥 아무것도
안 하기로 했다.
가끔은 뭘 꼭 해야 하는 건 아니더라.

멕시코, 멕시코시티
멕시코시티에서 생긴 일

멕시코시티의 지하철은 온갖 범죄로 악명 높기 그지없다는 소문을 수없이 들었기 때문에 절대 타지 않으리라 마음먹었지만, 정신을 차려보니 나는 어느새 두 명의 한국인 청년들을 따라 힐가도역 지하철 개찰구를 통과하고 있었다. 아시아인이 드문 멕시코시티 공항에서 어색한 눈빛을 교환한 이래 우연하게도 행선지가 계속 같은 걸 알게 된 청년들이었다.

그 둘은 서로 친구였으며, 쿠바에서 나와 같은 비행기를 타고 여기 멕시코시티로 왔다는 점, 경유 시간 동안 근교의 테오티우아칸을 둘러보려 한다는 점, 오늘 밤 한국으로의 귀국편까지 나와 같다는 점 등 공통점이 꽤 많았다.

"같이 다녀도 될까요?"
"네, 그러죠."

온갖 위험이 도사리고 있을 것만 같은 멕시코시티에선 아무래도 동행이 있으면 든든할 것 같다고 생각한 무계획의 여행자는 계획이 있어 보이는 무리로의 편승에 성공했다.

말로만 듣던 멕시코시티의 지하철은 역시나 호락호락한 상대가 아니었다. 지옥철이라 불리는 서울 9호선 출퇴근길은 양반이었다. 탑승구가 열리는 순간, '아, 이건 타면 안 되겠다.'라는 촉이 딱 왔다. 허나 제 아무리 촉이 좋아도 행동으로 옮기지 않으면 쓸모없는 감각에 불과하다. 어느새 나는 멕시칸들에 휩쓸려 헬게이트에 빨려 들어가고 있었다.

그 순간 어떤 어두운 손길이 내 바지 주머니 안을 파고드는 것이 아닌가! 지하철을 타기 전부터 바짝 긴장해 있던 터라 귀중품을 넣어 놓은 곳을 의식하고 있었다. 그곳에는 내 소중한 아이폰이 자리하고 있었다. 찰나의 순간에 나의 아이폰이 땅딸막하고 두꺼비를 닮은 멕시칸의 손에 넘어가는 걸 목격했다! 그리곤 그 녀석의 셔츠 속에 숨기는 것까지 두 눈으로 똑똑히 보았다.

"헤이! 헤이!!! 마이 폰!"

누가 당황하게 되면 말 한마디 안 나온다고 했던가. 나는 있는 대로 악을 고래고래 지르면서 지하철 밖으로 도망치는 그 떡두꺼비 같은 녀석의 팔을 붙잡고 지하철에서 내렸다. 이렇게 쉽게 잡힐 줄은 몰랐던지 녀석은 당황한 기색이 역력했다. 하지만 분명 하수는 아니었다. 살기 오른 AB형 앞에서 빠져나갈 재간이 없어 보였던 떡두꺼비 녀석은 닫히는 문틈 사이로 지하철 안의 일당으로 보이는 녀석들에게 내 폰을 던져버린 것이다.

내 핸드폰이 지하철 안으로 골인하자마자 헬게이트는 굳게 닫혔고, 지체 없이 출발했다. 그간의 추억이 고스란히 담긴 내 아이폰은 그렇게 내 손에서 멀어져갔다. 물론 잠시였지만 나와 동행했던 한국인 청년들과도 어이없는 생이별을 맞이했다. 내심 순탄하게 지하철에 올랐던 그들이 내 핸드폰을 찾아주길 바랐다. 시끄러워진 현장에 때마침 순찰하던 경찰들이 나타났지만, 떡두꺼비는 이미 폰을 일당에게 넘겨버린 뒤였다.

"저 자식이! 내 폰을 슉 이렇게 해가지고! 지하철로 슉! 던졌어!"

아무런 목격자도, 증거도 떠나가 버리고 없었지만 내 두 눈만은 똑똑히 기억하는 사건 현장을 영혼까지 끌어모은 스페인어로 경찰들에게 설명하기 시작했다. 아니, 그야말로 부르짖었다는 표현이 더 어울리겠다. 경찰들은 이내 주변 사람들의 이야기를 들어보더니 일단 두꺼비의 두 손목에 수갑을 채우고는 경찰서까지 연행했다.

손목에 채워진 수갑을 내 폰을 숨겼던 셔츠로 감싸며 끌려가는 떡두꺼비의 상판대기를 보니 속이 부글부글 끓어오르면서도 내심 걱정이 앞섰다. 내가 있는 사실 그대로 표현할 수 있을까 하는 언어 문제였다.

멕시코시티의 경찰서는 무슨 소문난 맛집 마냥 시시각각 두 손에 수갑이 채워진 채 들어오는 범인들로 북새통을 이뤘다. 그들은 유치장에서 옹기종기 모여 시시덕거리며 또 다른 작당 모의를 하는 듯했다.

'정말 개판이구나.'

그때 내게 한 줄기 빛과 같은 핸섬가이를 만났다. 그 이름은 마우리시오. 그 역시 지하철에서 핸드폰을 도난당하고 범인을 잡아 경찰서로 온 멕시코 청년이었다. 여기 온 이유도 나와 같았지만, 더욱 의지가 됐던 건 이 경찰서 내에서 유일하게 영어를 할 줄 아는 친구라는 점이었다.

"나는 범인을 절대 용서하지 않을 거야. 이게 유죄임이 밝혀지면 그 새x는 징역 2~3개월 형은 받을 거야."

"나는 내 핸드폰만 다시 돌려받을 수 있다면 좋겠어. 마우리시오, 나는 무조건 용서해줄 수 있으니, 내 범인에게 꼭! 제발! 핸드폰만은 돌려달라고 통역 좀 해줘. 원하면 돈도 줄 수 있다고 말이야."

"걱정 마. 지하철 안팎으로 CCTV가 설치되어 있으니 곧 확인할 수 있을 거야. 시간은 우리 편이야."

'시간은 내 편이 아니란 말이야…'

분명 잘못한 건 저 자식인데, 순간 내가 사정사정 애원하며 빌고 있었다. 왜냐? 앞으로 6시간 후면 저녁 비행기를 타고 이 나라를 떠나야 하니까.

그렇기 때문에 떡두꺼비가 콩밥을 먹을 건지 말 건지는 내게 중요치 않았다. 출국을 6시간여 앞둔 내게는 도난당한 아이폰과 함께 이 더러운 멕시코 땅을 뜰 수 있을지가 훨씬 중요했다. 사실 6시간 뒤에 이 나라를 떠야 하는 내 비행 스케줄을 멕시코 경찰들에게는 말하지 않았다. 절대 내게 유리하게 작용하지 않을 정보가 분명해 보였고, 더군다나 여기 경찰들도 내 편으론 보이질 않았기 때문이다.

"써니! 이 녀석이 네 폰을 돌려주면 합의서 써줄 수 있냐고 물어보는데?"

"아이 당연하지! 빨리 가져오라고 해줘!"

마우리시오는 과연 언변의 마술사였던 것일까? 아니면 CCTV 증거 앞에서 빼도 박도 못한 떡두꺼비 녀석에게 선처가 크게 다가왔을까?

얼마 지나지 않았다. 어떤 경로인지도 모르게 알록달록 노란색 커버가 씌워진 내 아이폰이 경찰서로 접수되었다. 내 손을 떠났던 아이폰은 5시간 만에 다시 내 품으로 돌아오게 된 것이다! 이상 없음을 확인한 나는 경찰서장실로 보이는 밀실에 들어가 두꺼비 녀석의 처벌을 원치 않는다는 합의서를 불러주는 대로 받아 적고 지장을 찍었다.

이것도 인연이랍시고 나에게 스릴만점 에피소드를 남겨준 멕시코시티의 소매치기 떡두꺼비 녀석과 기념사진 한 방 박고 싶었는데, 그 녀석은 그새 도망가고 없었다. 귀여운 자식, 휴. 사실 나 엄청나게 후달렸던 거 알아?

하루를 이렇게 날려버려 최악일 뻔했던 멕시코시티가 절체절명의 순간 '마우리시오'라는 구세주의 등장으로 인해

정말이지 괜찮은 도시라고 느껴졌다. 멕시코 경찰들의 황송한 에스코트를 받으며 도착한 공항 게이트 앞에는 아까 생이별을 맞봤던 청년들이 서 있었다.

"괜찮으세요?!"

"휴, 네. 경찰서까지 가서 결국은 찾았어요."

"다행이네요. 저희는 지하철에서 내려 보니, 우리 둘 다 지갑이 없어졌더라고요…."

'나는 양반이었구나.'

볼리비아, 라파즈

볼리비아, 우유니
천국이 있다면

"대에박, 여긴 대체 어디람. 이곳은 최후의 보루 같은 곳으로 남겨둬야지. 나중에 사랑하는 사람 데리고 가야겠어."

여행에 대해 막연한 로망만 가득했던 대학교 2학년, 우연히 본 비현실적인 사진 한 장이 내 가슴 깊은 곳에 내리꽂혀 마음을 훔쳤다. 몽환적인 아이슬란드의 오로라, 윈도우 배경 화면 같은 아프리카 사하라 사막보다도 더 강렬했다. 천국이 존재한다면 바로 이곳일 것 같았다. 핸드폰 속 저장된 이 사진을 보면서 나는 '세계여행'이라는 거대한 꿈을 키워왔다. 그리고 여기는 절대 혼자선 가지 않겠노라고 다짐했었다.

꿈꾸던 세계여행을 실행에 옮기게 된 이후에도 우유니 소금사막은 줄곧 내 마음속 여행지 버킷리스트 1순위에서 밀려난 적이 없었다. 행여 닳아질까, 함부로 마주한다면 환상이 깨져버릴까 아끼고 아껴두고만 있었다.

그러기를 7년, 나는 드디어 그 버킷리스트를 이루게 되었다.

5번의 환승, 30시간의 비행. 우유니 소금사막에 입성하기까지는 예상보다 길고도 험난했고 직접 마주한 우유니 사막은 뻥도, 과장도, 합성도 아니었다. '미친 천국'이었다. 순백의 소금과 구름, 말 그대로 하늘색의 하늘이 사방에 끝없이 펼쳐진 소금밭의 잔잔한 물결에 반영되어 하늘과 땅의 경계가 모호해 보였다. 그 반영은 조금의 과장도 없이, 너무 눈이 부셔서 선글라스 없이는 눈을 뜰 수가 없었다. 꿈에 그리던 모습이 눈앞에 펼쳐지자, 북받쳐 오르는 감정이 응축된 눈물 한 방울이 툭 떨어졌다. 눈앞에 펼쳐진 비현실적인 풍경에 왜 그토록 많은 사람이 우유니에 오기를 꿈꿔하는지 한 번에 납득이 되었다.

문득 흔쾌히 멀고 먼 이 여행에 동참해준 여자친구에게 고마웠다.

그간 홀로 다니며 입이 딱 벌어질 만한 곳을 구경하거나 맛있는 음식을 맛볼 때마다 사랑하는 사람과 같이 즐길 수 있다면 더할 나위 없이 좋겠다는 생각을 하곤 했는데, 오늘처럼 이렇게 환상적인 장면을 사랑하는 이와 함께 바라보고 있다는 게 정말이지 행복했다. 앞으로도 이 여자와 함께 고생은 나누고, 기쁨은 함께 누리고 싶었다.

이 순간, 우리는 어쩌면 일생에 단 한 번뿐일지 모르는 풍광을 눈이 시리도록 두 눈에 가득 담아두기 시작했다.

"자기야, 옷도 맞춰 입고 왔으니까, 어서 사진 찍자."

    환상적인 순백의 아름다움에 한동안 넋을 잃고 만 우리
는 그제야 비로소 카메라를 꺼내 들었다. 흰색과 하늘색만으
로 도배된 360도 파노라마 속 주인공은 단연 빨강 수트와 드
레스를 갖춰 입은 우리였다.

    우유니 소금사막을 즐기는 법은 딴 게 없었다. 질리도
록 셔터를 눌러대는 것이었다. 세상 그 어디와도 비교 불가능
한 배경을 놓고 어떻게 찍든 간에 졸작은 나올 수가 없어 보
였다. 발로 찍어도, 지나가던 누렁이가 실수로 셔터를 눌러도
최고의 프로필 사진을 건질 수 있으리라.

우리는 언제 다시 올지 모르는 이곳을 후회 없이 즐기기
로 했다. 그래서 우유니 마을에 머무는 동안 시간을 내어 참
여할 수 있는 모든 투어를 예약했다. 새하얀 소금사막과 새
파란 하늘의 완벽한 데칼코마니를 만끽할 수 있는 데이 투어,
주황빛 하늘이 몽환적인 분위기를 자아내는 선셋 투어, 쏟아
질 것만 같은 은하수를 볼 수 있는 스타라이트 투어, 소금사
막에 떠오르는 두 개의 태양을 볼 수 있는 선라이즈 투어. 네
개의 투어를 모두 예약했음에도 나중에 '겨우 4번밖에 하지
못한 게 아쉬웠다.'는 생각이 들 것 같았다.

함께한 사람, 기분, 날씨, 모든 것이 완벽했던 날.
그래서 더 꿈만 같았던 시간으로 기억된다.

볼리비아, 우유니
프로포즈

출국일이 다가올수록 여행의 설렘에 긴장감이 점점 더해졌다. 이번 여행은 내게 아주 각별했는데, 바로 내가 꿈꿔왔던 최고의 장소에서 프로포즈를 하려고 마음먹고 있었기 때문이다.

사실 출국하기 몇 주 전부터 매일 백화점 액세서리 코너에 출근하다시피 했다. '살까? 말까?' 반짝반짝 제멋을 뽐내고 있는 수많은 반지가 놓여있는 진열대 앞에서 수도 없이 고민했다. 생전 반지 한번 안 껴본 놈에겐 반지 고르기가 왜 이렇게 어려운 것인지. 그녀의 사이즈도 몰라 매번 물끄러미 바라만 볼 뿐이었다.

'괜히 사이즈도 모르고 샀다가 손에 안 맞으면 이 비싼 걸 어떻게 바꾸지?'

그렇게 고민만 거듭하다 결국 빈손으로 출국 날을 맞이하고 말았다.

길고 긴 여정 끝에 도착한 우유니 마을. 나의 마음은 바짝 타들어 갔다. 고산병으로 인한 두통인지, 인생에서 가장 중요한 순간이 다가오고 있지만 어찌해야 할지 모르겠는 혼란함에서 오는 두통인지 당최 모르겠다.

작디작은 우유니 마을의 거리를 함께 다니며 두 귀는 그녀의 재잘재잘하는 소리에 쫑긋, 두 눈은 시야각을 최대로 넓혀 거리 사방팔방을 스캔하고 있었다. 눈알을 이리 굴려 저리 굴려 꽃집을 찾아보았지만 눈 씻고 찾아봐도 해발 3,000m가 넘는 고원지대에 꽃을 파는 곳은 없었다. 30분이면 마을 전체를 둘러보고도 커피 한 잔의 여유를 즐길 수 있을 정도로 작은 우유니 마을은 오직 투어를 위해 존재하는 마을이라 해도 과언이 아니었다. 허기를 달래러 들어간 식당에선 밥이 입으로 들어가는지, 코로 들어가는지 모를 정도로 신경이 곤두서 있었다. 7년간 꿈꿔온 순간이 바로 코앞에 닥쳤는데, 준비성 부족으로 로맨틱한 순간을 망칠까 심히 걱정스러웠다.

하지만 사랑의 여신이 이 가여운 놈의 간절함을 헤아려 주셨을까?

'이렇게 빈손으로 소금사막 투어를 출발해야 하는 것인가.' 좌절해있던 찰나, 투어 출발을 위해 들어선 여행사 한편에 초록 초록 조화 다발이 빛을 내며 자리하고 있는 걸 발견한 것이다! 꿩 대신 닭이라고 나는 당장 이 조화라도 활용해야겠다고 생각했다. 사장님께 양해를 구하고 조화를 냉큼 챙겨 우유니 소금 사막으로 향하는 지프차에 몸을 실었다.

1시간을 달려 도착한 소금사막은 '이보다 더 좋은 날씨가 있을까'하는 생각이 들 정도로 어제보다 더 찬란하게 빛났다. 눈부시게 빛나는 소금밭 위 가장 강렬한 인상을 주는 이들은 단연 새빨갛게 차려입은 우리였다. 우리는 주위의 모든 이들의 시선을 한 몸에 받으며 물 찬 소금밭을 자박자박 걸어가다 잠시 멈추고 이내 다시 돌아오기를 반복했다. 카메라를 든 사진작가는 우리의 모습을 뷰파인더에 담아내기 시작했다. 강렬한 태양에 이마가 벌겋게 익어버렸어도 한 없이 해맑은 여자친구와는 달리 내 얼굴빛은 점점 잿빛이 되어가고 있었다. 머릿속에서 언제 무릎을 꿇을까 타이밍만을 재고 있었기 때문이다. 그때 사진작가가 우리에게 지프 위로 올라가기를 요청했다. 그녀를 먼저 지프 위로 올려보낸 뒤, 이때다싶어 조화 다발을 챙겨 들고 따라 올라갔다.

"오 프로포즈하려나 보다!"
'아이x 저 눈치 없는 자식.'

눈치라곤 1도 없는 현지 가이드는 긴장된 내 얼굴빛과 차림새, 손에 든 조화 다발을 보고는 옆에서 신나 하며 외쳐댔다. 눈치껏 행동하라는 경고의 의미로 뒤를 돌아 그를 향해 윙크 한 방을 날렸다. 잠시 후, 그녀 앞에 선 나는 무릎을 꿇었다.

"온진아···후우···하, 우리가 만난 지 어느덧 사계절이 훌쩍 지났네. 지··· 지금껏 그래왔듯이 앞으로도 이 두 손 꼬옥 잡고 세계 방방곡곡 누비자. 나와··· 평생을 함께해줄래···?"

무릎을 꿇은 나는 한참을 읊조렸고, 그녀는 가만히 듣다가 미소를 지으며 고개를 끄덕였다. 비록 흔한 반지 하나 준비하지 못했지만, 지구상에서 가장 멋진 곳에서 그녀에게 바치는 수줍은 고백이었다.

대한민국, 어딘가
불편함 속의 편안함

우리 부부는 닮은 부분이 꽤 많다. 주류보다는 비주류에 더 호감을 느낀다는 것. 근사한 레스토랑보다는 테이블이 찐득거리는 낡고 오래된 노포가 더 좋다는 것. 갯벌에 나가 조개 캐는 1차 산업에 꽤나 진심이라는 것 등등.

"있잖아~ 예전에 동료들 따라서 산속으로 캠핑 간 적이 있었는데, 너무 좋았던 거 있지."

당시는 아내가 아닌 여자친구였다. 여자친구가 무심코 내뱉은 말에 순간 소름이 쫙 돋았다. 나 역시 둘째가라면 서러울 정도로 '사서 개고생'하는 스타일이었기 때문이다. 우리가 캠핑이라는 세계에 관심을 가지게 된 것 그때부터였다.

일명 '캠핑 계'라는 계좌를 만들어 매달 각 10만 원씩 캠

평용 계좌로 적금을 붓기 시작했다. 그리곤 찜해 둔 물건이 중고로 나온 게 있는지 쉴 새 없이 중고장터를 드나들었다. 우리의 설렘이 고스란히 담겨있는 것만 같은 민트색깔 감성 듬뿍 텐트, 인디언 스타일이 제법 묻어나는 침낭을 제일 먼저 구입했다. 실속을 포기하더라도 감성은 절대 포기할 수 없지! 무조건 우드로! 의자도 우드, 테이블도 우드. 그렇게 하나둘씩 살림살이를 맞춰갔다.

첫 캠핑 장소를 정하는 데는 어려움이 없었다. 고민 없이 고창 동호해수욕장으로 향했다. 샤워장, 전기시설 등 캠핑시설이 제대로 갖춰지지 않은 노지 캠핑장이었다. 조개를 캐러 고창 동호해수욕장 주변 갯벌을 휘젓고 다녔을 때, 바닷가를 따라 이어진 소나무 숲 그늘에 펼쳐진 텐트에서 캠핑을 즐기는 이들이 마냥 부러웠다. 그때 우리가 캠핑을 하게 된다면 꼭 이곳에서 해보자고 약속했었다.

머릿속에 그렸던 모습과는 100% 맞아떨어지지 않았다. 바닷가 앞 노지 캠핑이다 보니, 제대로 씻을 수가 없었고, 불어오는 모래바람을 그대로 맞기 일쑤였다. 그럼에도 꿈이 현실이 되는 순간 우리의 입가에는 미소가 떠나지 않았다.

그다음 캠핑지로는 울창한 산속을 택했다. 드넓은 캠핑장에 우리 텐트만 덩그러니 있었다. 이른바 전세 캠핑이었다. 그때 마침 예고 없이 들이닥친 손님이 있었으니, 바로 태풍이었다. 캠핑을 마냥 쉽게만 알았던 모양이다. 날씨를 크게 생각하지 않았다. 그 결과 제대로 된 타프도 없던 우리는 태풍의 위엄을 몸소 느꼈다. 하지만 그때 맛본, 우산 아래에서 위태로이 부친 비에 젖은 파전과 막걸리의 맛이란, 캬... 아직까지 잊을 수 없다.

전망 좋은 바다를 찾아, 고요한 숲을 찾아 떠나는 횟수가 하나둘 늘어갔다. 무더운 여름이면 캠핑을 즐길 수 있는 선선한 가을이 오기를 기다리고, 한파가 몰아치는 겨울이면 따스한 들판의 기운을 느낄 수 있는 봄을 기다렸다. 우리는 스스로를 나름 '감성 캠퍼'라 칭하며 지금도 전국 방방곡곡을 돌아다닐 궁리를 한다.

하지만 말이 좋아 감성 캠핑이지, 실은 맨바닥 위에서 천막 치고 자는 게 아닌가. 게다가 푹신한 침대가 아닌 딱딱한 바닥에 몸을 뉘어야 하며, 따뜻한 물로 씻는 것도 집과 같을 수 없으니 지극히 객관적으로 불편한 게 한두 개가 아니다.

그럼에도 불구하고 우리가 캠핑을 좋아하는 이유는 생각이 단순해지기 때문이다. 아무도 없는 공간에 바람이 잠시 다녀가고, 해의 방향이 바뀌어가는 그런 변화를 느끼는 것만으로도 좋다. 일상의 고민을 재껴둘 수 있는 여유로운 분위기 아래 아무것도 하지 않아도 충만한 느낌이 든다.

토도독토도독 텐트 위로 떨어지는 빗방울 소리는 얼마나 낭만적인지, 부스스한 머리를 대충 쓸어 넘기고 눈을 비비며 아침 햇살 아래서 마시는 커피믹스 한 모금은 얼마나 달달한지, 타닥타닥 타들어 가는 모닥불 앞에서 멍때리는 시간은 얼마나 행복한지, 우리는 이 맛을 알아버렸다. 우리는 이런 불편함 속의 편안함이 좋다. 불편함 속에서 잠들고 새소리와 함께 아침을 맞이하는 일이 좋다.

"여보, 다음 주에는 또 어디로 떠나 볼까?"

프렌치 폴리네시아, 보라보라

에필로그

코로나19 팬데믹으로 전 세계 하늘길이 막힌 지 어느덧 2년,
이제야 하나둘 열리고 있는 요즘이다. 그간 모두가 떠날 수
없다는 동등한 조건 덕분이었는지, 떠나고 싶다는 생각이 그
리 간절하지 않았다.

자유로이 여행했던 시절이 그립지 않으냐는 질문을 종
종 받곤 한다. 그립지 않다면 그건 명백한 거짓말이겠다.

여권과 함께했던 지난 638일. 이 글을 써 내려가는 동안
에도 모두 어제 일처럼 생생히 떠오른다. 자전거를 타고 국경
을 넘나들었고, 살기 위해 히치하이킹을 시도했고, 잠자리를
구걸하고 다녔다. 밥숟가락 놓을 뻔했던 적도 한두 번이 아니
었고, 혼자라는 서러움에 남몰래 눈물을 훔쳤던 적도 있었다.
두 번은 겪고 싶지 않은 힘든 순간들이 숱하게 있었지만, 오
롯이 나의 선택이었기에, 순간순간 충실한 여행을 해왔으니

아쉽지는 않다. 그래도 그리운 건 시간이 지나도 어쩔 수 없을 것이다. 그때도 나는 지금처럼 최선을 다해서 그리워하겠다.

돌이켜보면 코로나19로 인해 배낭이나 캐리어를 꾸리지 못한 지난 2년간도 충분히 행복했다.

꼭 해외로 떠나야만 행복한 건 아니었다. 캠핑부터 낚시, 해루질까지, 할 수 있는 고생이라는 건 모두 찾아 해가며 우리 땅에 널린 재미를 주워 담았다.

아침 햇살 아래서 마시는 커피 한 모금과 살랑거리는 바람을 맞이하는 여유로움. 기나긴 인내와 신경전 끝에 맛보는 짜릿하면서도 묵직한 낚싯대 끝의 손맛. 호미질을 하면 할수록 나오는 갯벌이 주는 선물에 감탄하면서 말이다. 일상과 여행의 경계를 넘나들며, 해외로 떠나지 못하는 지금도 행복하게 지내고 있다.

요즘은 아내와 함께 스페인어 공부를 한다. 요즘이라기엔 벌써 5년째 책을 붙잡고 있지만, 얼마 전 축복같이 찾아온 예쁜 딸과의 여행을 위해 새로운 언어 학습의 끈을 놓지 않고 있다. 영어와는 다르게 남성명사 여성명사가 따로 있어 더

헷갈리고 외울 건 많아도, 새로운 단어와 문장을 배워가는 재미가 쏠쏠하다.

다시 떠날 궁리를 하고 있다. 한 달 살기, 일 년 살기처럼 오랫동안 말이다. 낯선 곳에서의 아침을 우리말이 아닌 다른 나라 말로 시작하기를 고대하고 있다.

그날이 올 때까지 일상을 여행처럼, 여행을 일상처럼 여행하듯 살겠다. 내 여행은 현재진행형이다.

2023년 4월

권보선

튀르키예, 카파도키아

알아두면 '쓸데 있는'
여행 경비 절약 TIP

여행을 계획할 때 가장 중요한 건 아마 '경비' 문제일 것이다. 그중에서도 가장 많은 비용을 차지하는 '교통'과 '숙박' 부분에서 나는 아래의 방법으로 경비를 절약했다. (정말 획기적 경비 절약 방법인 '자전거'라는 교통수단은 양심상 제외하겠다.)

0. 갈까? 말까?

갈까? 말까? 할 때는 무조건 가자. 답은 이미 정해져 있다. 가고 싶어서 고민하는 것 아닌가? 가기 싫은데 여행하는 걸 고민하는 사람은 없을 것이다. 해도 후회, 안 해도 후회라면 해보고 나서 후회하자. (장담컨대 후회는 없을 것이다.)

1. 오늘이 가장 싸다.

'오늘이 가장 싸다.'라는 말은 항공권 예매 시 99% 맞는 말이다. 항공권 가격은 남은 좌석, 국제 이슈 등 다양한 요인에 의해 실시간으로 조정되지만, 일찍 사는 항공권은 싸게, 임박한 항공권은 비싸게 파는 것이 항공사의 일반적인 판매 기조다.

더 일찍 준비할수록 더 저렴하게 여행할 수 있다는 건 숱한 경험으로 깨달은 바이다.

2. 특가의 주인공은 그대가 될 수도 있다.

저비용 항공사(LCC)에서 연례행사처럼 내거는 '오사카 편도 49,900원~', '방콕 편도 99,000원~'식의 특가 프로모션 광고를 접해본 적이 한 번쯤은 있을 것이다. 처음에는 몇 장 되지도 않는 미끼상품을 내걸고 여행객들을 상대로 '낚시질' 하는 것 아닌가 하는 의심이 가득했지만, 끊임없는 도전 결과, 못 먹는 그림의 떡은 아니었다. 몇 장이면 뭐 어떤가. 그 몇 명안에 내가 들면 되는 것을.

열 번 찍어 안 넘어가는 나무 없더라. 나는 틈만 나면 국내외 항공사 사이트를 들락거리며 특가 프로모션을 찾아다

넀고, 치열한 경쟁 끝에 말레이시아 쿠알라룸푸르 편도 항공권을 29,900원에 예매하는 데 성공한 적이 있다. 바늘구멍 통과하기만큼 성공하기가 쉽진 않겠지만 한 번쯤은 특가의 주인공이 되어 보자.

요즘에는 항공권 특가 프로모션만 따로 모아서 알려주는 앱도 생겨났는데, 대표적으로 '고고씽'과 '플레이윙즈'가 있다. 당연히 무료이며, 항공사 프로모션, 이벤트, 최저가가 뜰 때마다 실시간 알림으로 알려준다.

3. 아는 만큼 누린다. 저렴한 가격에 두 국가를 여행할 수 있는 '스탑오버'

스탑오버(Stopover)란 최종 목적지로 가는 도중 중간 경유지에서 24시간 이상 체류하는 것을 말한다. 경유를 하지 않는 직항 항공권보다 가격이 저렴하여 여행 경비를 줄일 수 있고, 여러 나라를 여행할 수 있다는 장점이 있다.

일반적으로 우리가 항공편을 검색했을 때, '1회 경유', '2회 경유'인 항공권을 볼 수 있는데, 이는 스탑오버가 아니라 레이오버(경유시간이 24시간 이내인 경우)인 경우다. 스탑오버로 경유하고자 하는 여행지가 있다면, 꼭! 다구간 검색을 통해서 경유지를 추가하거나 예매 시 항공사에 문의해야 한다. 또한 모든 항공사에서 무료로 스탑오버를 제공하는 것은 아니니, 해당 항공사 규정과 경유하고자 하는 국가 상황을 확인해봐야 한다. 항공사 중 일부는 거점 공항이나 지역 중심지의 관광 서비스를 제공하기도 한다.

※ 스탑오버(Stopover) vs 레이오버(Layover)

스탑오버는 국제선의 경우 경유지에서 24시간 이상 체류하는 것을 의미하며, 경유 시간이 24시간 이내에 해당하는 경우는 **레이오버**라고 한다.

4. 그대의 친절과 나의 경험을 교환합시다! 카우치 서핑.

바로 옆 이웃집에 방문하는 것도 부담스러운데, 일면식도 없는 외국인의 집에 가서 머문다고? 인신매매라든지 무슨 꿍꿍이가 있는 거 아니야? 우리의 상식으로는 쉽게 이해가 되질 않겠지만, 서구에서는 흔한 일이다. 바로 이 카우치 서핑을 이용하면 말이다.

카우치 서핑(Couchsurfing)은 여행자가 잠잘 수 있는 소파(Couch)를 찾아 파도타는 것(Surfing)을 뜻하는 말로 여행자들끼리 숙소를 무료로 제공하는(받는) 걸 연결해주는 비영리 커뮤니티다. 커뮤니티 상에 내가 어떤 도시에, 언제 도착해서 며칠 동안 머무는지 등 대략적인 정보가 담긴 메시지를 보내 놓으면 그 지역의 호스트가 나의 숙박 요청을 수락하는 식이다. 여행자는 무료로 숙박할 기회를 제공받고, 현지인은 여행자를 통해 그들의 경험을 듣는다.

나는 카우치 서핑으로 40일간 유럽, 80일간 튀르키예를 여행하는 동안 모든 밤을 현지인들의 집에서 보냈는데, 모르는 사람들이 이렇게나 낯선 이에게 친절할 수 있다는 것에 매번 놀라지 않을 수 없었다.

그렇다면 카우치 서핑의 현지 호스트들은 왜 여행객들을 초대할까?

경험상 그들이 여행자 시절에 이런 식으로 여행했었고, 당시 받은 은혜를 되돌려주고자 하는 호의의 선순환, 그리고 서로 다른 문화를 가진 여행자들을 초대해 언젠가는 갈, 가고 싶은 곳에 대해 간접적으로 경험하려는 목적이 크다고 느꼈다.

숙박은 전적으로 무료지만 세상에 공짜는 없는 법. 나를 초대해준 호스트에게 작은 선물로 보답하거나 자신이 겪은 여행담으로 그들의 일상을 특별하게 만들어 줄 수 있다면 모두에게 더할 나위 없이 값진 경험이 될 것이다.

※ 카우치 서핑은 코로나19 팬데믹 이후, 커뮤니티 가입 시 일정 기부금을 내는 형식으로 전환되었다.

틈만 나면 세계 일주

1판 1쇄 발행   2023. 04. 19

지 은 이   권보선
발 행 인   박윤희
발 행 처   도서출판 이곳
디 자 인   디자인스튜디오 이곳
등   록   2018. 10. 8 신고번호 제 2018-000118호
주   소   서울 송파구 송파대로44길 9(송파동)
팩   스   0504.062.2548

잘못 만들어진 책은 구입하신 곳에서 교환해드립니다.
값은 뒤표지에 있습니다.
ISBN 979-11-982680-9-9(03190)

도서출판 이곳
우리는 단순히 책을 만들지 않습니다.
작가와 책이 마주치는 이곳에서 끊임없이 나음을 너머 다름을 생각합니다.

홈페이지   https://bookndesign.com
이 메 일   bookndesign@daum.net
블 로 그   blog.naver.com/designit
유 튜 브   도서출판이곳
인스타그램   @book_n_design

이 도서의 국립중앙도서관 출판예정도서목록(CIP)은 서지정보유통지원시스템 홈페이지(http://seoji.nl.go.kr)와
국가자료종합목록시스템(http://www.nl.go.kr/kolisnet)에서 이용하실 수 있습니다.